中华先烈人物故事汇

林觉民

主编 张海鹏

副主编 赵兴胜

编著 韩朝建

学习出版社

目 录

Contents

引　子

林觉民（1887—1911），福建省福州市侯官县人，幼年时过继给叔父林孝颖为子，其嗣父林孝颖是个饱学多才的廪生，嗣母黄氏是个典型的贤妻良母。林觉民自幼跟随林孝颖学习文史诗词，参加童生考试时在考卷上题了“少年不望万户侯”七个大字，潇洒离场。

1900 年，林觉民考入林白水、黄展云等创办的侯官高小，接受新式教育，阅读进步书刊，受到民主革命思想的熏陶。后考入福建高等学堂，积极参加学生联合会、益闻社、共和山堂、汉族独立会、中国同盟会等各类革命团体，逐渐在同学中崭露头角。他与几个进步同学在福州城北找了房子，自办私学。他还在家族中兴办女学，亲授国文课程，宣扬男女平等，家中女眷纷纷放脚，还有人进入福州女子师范求学。此外，林觉民还和同学一起成立读报所，订购进步报刊。林觉民尤其擅长讲演，常常宣传革命道理。

1905年，林觉民与陈意映结婚，夫妻琴瑟和鸣，关系非常融洽。1907年，林觉民告别陈意映，东渡日本自费留学，专攻日语。1908年获得公费资助的机会，转入庆应大学学习文科，专攻哲学，兼习英、德两国语言。林觉民在日本求学期间，研读中外哲学著作，翻译了《六国宪法论》等书，并撰写《原爱》等文章。同时，他时刻关注国内局势，与具有革命思想的“赤心人”交往颇多。作为中国同盟会福建分会的骨干成员，他积极参加革命党人的各种活动，认为中国需要暴力革命推翻腐朽的清政府，并参加与君主立宪派的辩论。

1911年年初，中国同盟会在香港成立了统筹部，召集海内外同盟会成员，策动广州起义。起义总指挥黄兴通过林文召集同盟会福建支部的同仁。为此林觉民从日本回国，负责在福州“选锋”，他通过本地的革命团体召集了一批仁人志士，并与大家同赴战场。农历三月二十九日下午，起义开始，林觉民怀揣炸弹，与众人进攻总督府，并在随后展开激烈的巷战。此次起义，虽然革命党人非常勇猛，但由于缺乏集中领导、组织混乱、走漏消息等原因而没有达到预期的效果，最终遭到敌人优势兵力的镇压。林觉民腰部中弹，又坚持战斗了一夜，最终被捕。他在受审时发表慷慨激昂的演说，纵论天下大势，要求清朝官吏洗心革面，参加革命，建立共和国家，听者无不动容。林觉民被害后，与阵亡的其他同志同葬广州黄花岗，成为黄花岗七十二烈士之一。

广州起义前3天，林觉民在香港某滨江楼，曾给父亲和妻子各写了一封绝笔书，表达了对亲人的不舍与眷恋，并解释自己从事革命，愿意牺牲的理由。这两封饱蘸泪水写就的绝笔书，文字优美，感情充沛。其中《与妻书》回忆与妻子相处的细节，一字一泪，读来令人肝肠寸断。《与妻书》表达了“助天下人爱其所爱”“为天下人谋永福”的追求，展现了革命党人甘愿舍弃“小我”，实现“大我”的高尚情操。中华民国成立后，黄花岗烈士受到隆重的纪念，林觉民的两封绝笔书也进入中学教材，他的事迹被改编成故事、戏曲、电影等文艺作品，成为激励一代又一代革命者的有力思想武器。

01 福州：挥斥方遒的同学少年

1887 年，林觉民出生在福州侯官县。他的祖父林彦起是个举人，他的生父林孝觊，字玉珩；叔父林孝颖，字可珊（或可山），号“拾穗”。林孝颖考中廪生后，被父母安排与不喜欢的黄氏成亲。林孝颖对于父母的这项安排十分不满，拒绝与黄氏同房。黄氏无奈，只能暗中以泪洗面。林孝觊怜恤黄氏孤单，就将自己的儿子林觉民过继给林孝颖夫妇，所以林孝颖是他的嗣父。

林家居住的老屋，位于福州杨桥路与南后街交会处，始建于清中期，清末时房子已经相当斑驳陈旧了。房子有三进，其中第一进与第二进的长廊被翠竹簇拥，适合文人颐养性情。总体来看，林家在福州并不是太富裕，而是小康之家。林孝颖多才多艺，诗词造诣很高，与陈海梅、林苍、陈笃初等同为“同光体”诗的闽派代表人物，曾与陈海梅、林孝箕、林孝曾、郑祖庚等福州名士同组花好月圆吟社。与文学成就相比，林孝颖的科举之路并不顺利，他虽然考取了廪生，但此后的举人考试屡次失利。

林孝颖早期虽然怀才不遇，不过到底是福州数得着的著名文人，向来为大家敬重。1902 年福州成立全闽大学堂，按照规定，学堂教习至少要举人才有资格担任，但林孝颖以其文学造诣，于 1905 年被担任学堂监督的沈宝琛相中，破格担任全闽大学堂国文教习。1912 年中华民国成立，林孝颖又成为福建省立图书馆第一任馆长。民国初年的一些大学者如陈衍、台静农、钱穆等都与之有交往。陈衍主持编写《福建通志》时，福建通志局则以陈元凯为提调，林孝颖任分纂。另外，林孝颖著有《拾穗居士文存》一册，现藏于福建省图书馆。这是后话。

林觉民小时候体弱多病，性命几乎不保，所以林孝颖、黄氏对他十分疼爱。林觉民8岁的时候，黄氏去世。林孝颖就让林觉民吃饭、睡觉都跟自己在一起，并亲自教他学习国文，读史念诗，并学习八股文，希望孩子将来在科举仕途上有所成就。林孝颖后来再娶，并生育一子两女，但仍然对天资聪慧、过目成诵的林觉民格外疼爱器重。有好友来家谈天时，总喜欢让林觉民表演背诵诗词或文章。

少年林觉民不修边幅，性情潇洒，他虽然学问不错，但毕竟不喜欢科举之学。1899年（光绪二十五年），林觉民12周岁，父亲让他参加县里的童生考试，他在试卷上写下"少年不望万户侯"7个字离场。当时正值戊戌变法后、清末新政前的动荡时期，废科举、兴学堂的呼声颇高，侯官县也刚刚成立了一所新式小学即侯官高等小学正在招生，林觉民的父亲就决定让他报考这所学堂试试。1900年夏天，13岁的林觉民考取侯官高等小学。在那里，这位性情不羁的少年接受了革命思想的熏陶和浸染。

侯官高等小学最初名为蒙学堂，一般人称福州蒙学堂，是近代福州开办最早、影响最大的新学堂，也是全省办新学之标杆，福州最早的一批反清民主革命志士就是这里培养的。蒙学堂创办于1899年春季。当时，出版界先驱林白水与表弟黄展云、黄的堂兄黄翼云，以及革命党人方声涛、郑权等商议，为了宣传新思想，培养革命人才而谋划合办一所新学堂，名为福州蒙学堂。办学地点由方声涛与其世交卢氏友人商量决定，借用文儒坊卢氏试馆（“卢家祠”）。校名“蒙学堂”实为掩人耳目，因为戊戌变法失败后，革命者不得不潜伏下来，等待时机，所以办新学仍取旧名，以避风头。同时，由于清廷在酝酿新政时，欲废科举、兴学校，而诏令新学有蒙学（小学）堂、中学堂、大学堂之分，所以林白水等人创办新学时就以蒙学堂命名。

蒙学堂的创办者都是具有新思想与大志向的革命党人。林白水（1874—1926），福建闽县人，名獬，字少泉，号白水，是近代中国创办白话报的先驱，曾主编《社会日报》。林白水是孙中山的追随者，并与黄兴关系密切，曾受黄之托在福建培养有学识、有胆识的青年，宣传革命思想。1899年春节期间，他在拜访表弟黄展云时遇到在江南水师学堂读书的郑权，以及刚从日本振武学校留学归来的方声涛，于是合议创办蒙学堂。林白水、黄展云、郑权、方声涛，再加上黄展云的堂兄黄翼云，共同创办了福州最早的新式学堂即蒙学堂。这是在外国人设立的福州英华书院和格致书院之外，中国人自己培养新式人才的机构。林白水因为有办学经验，所以担任了学堂的监督。后来在 1905 年他又与黄展云合作编写《高等小学修身课本》，成为近代最早、最完整的思想品德教材，继而两人又合编《军国民读本》，并与黄振云等合编《高等小学经训教科书》，作为福州各高等小学的教科书。

其他的创办人同时也是学校教员。例如，黄展云（1875—1938），字鲁贻，永泰人，生于福州。1896 年考中廪生，向往政治维新。戊戌变法失败后，痛感朝政腐败，民智不开，毅然放弃科举仕途，研习西方政治思想和自然科学，决心以教育救国为己任，因此联络同志参与创办蒙学堂，后来又相继创办了海滨中学、女子师范学校、平民小学、独青小学等。此外，其堂兄黄翼云，号桐坡，举人出身，曾留学日本，参加同盟会和辛亥福州起义，后来担任民国福建教育厅厅长。郑权（1878—1939），字仲勤，闽县人，曾在仓山古榕书院组织益闻社、阅报社，秘密宣传革命，又在侯官小学做教员，尽量灌输革命思想，学生大为感动，后来又担任汉族独立会的会长。方声涛（1885—1934），字韵松，侯官人，在日学习时加入同盟会，曾任清军参谋，后率部参加反清、反袁运动。李心庄（1882—1958），又名李郁，生于福州，14岁为秀才，肄业于鹤龄英华书院，精通英、法文，担任蒙学堂的英文和体育教员，后在上海加入同盟会。

从创办者的经历和创办学校的初衷来看，这所学校以培养革命人才为己任，以推翻清政府为目标，属于清末的革命派。此外，学校还常请何琇先等维新派人物来校演讲，宣扬革命学说、爱国思想。尤其方声涛、陈与年都是循循善诱的导师，深受学生爱戴。这些主张救国维新的革命者把清廷自1885年以来的一连串的国耻讲给学生听，例如中法战争后李鸿章和法国在天津签订的和约，把安南割让给法国。1886年和英国签订缅甸条约，让出了缅甸；1895 年战败，日本图谋割占辽东，而朝廷认为辽东为其发祥地，所以阴谋“割闽换辽”，引发福建人强烈反对，朝廷最终割让了台湾和澎湖列岛给日本；1897 年清廷租借胶州湾给德国；1898 年租借旅顺、大连给俄国，租借威海卫给英国；1899 年将广州湾租借给法国。清末一连串的屈辱，让大家既痛恨帝国主义的侵略与瓜分，又痛恨清廷的无能和压迫，于是革命的目标由对外转向对内。老师们还告诉他们孙中山先生的学说和行动，尤其是 1894 年孙先生在檀香山组织了兴中会，以及 1896 年孙先生在伦敦蒙难并脱险的故事。林觉民佩服这些有理想的革命志士，决定将来一定要效仿他们做一番大事。

侯官高小新式教育的发展很大程度上依托革命者在福州本地的社会关系网，学生也多是创办者与教员的戚友子弟。例如，林白水是黄展云的表兄；黄翼云是黄展云之堂兄；黄展云与陈家是世交，且有姻亲关系；陈与年是学生陈与燊的嫡堂兄；陈可钧是陈与燊的堂叔（陈氏本门排行为：“业可与人同”）；方声涛、郑权是黄展云的好友。蒙学堂招收本地优秀青少年入学，最初的学生人数不过三四十人，年龄在15岁以下，毕业时绝大多数不过十五六岁。学堂学制实为3年，学生免收学费。近代知名民主革命志士林觉民、林尹民、林文、方声洞、陈可钧、陈天锡、陈更新、陈与燊、严骥、蒲开泰、黄光弼等人，都出自蒙学堂或侯官高等小学堂。

学校成立后，图书室大力充实内容，增加书刊。如报纸类有《新民丛报》《苏报》《民权报》等；新书籍有《法兰西革命史》《意大利建国三杰传》《波兰亡国史》，还有《扬州十日记》《嘉定三屠记》《太平天国笔记》《李秀成供状》《满清秘史》及邹容《革命军》、章炳麟《致康南海书》，以及文天祥、黄宗羲、郑成功传略等书，这些书充满反清和民主革命的思想。在老师的介绍下，林觉民如饥似渴地读着英国的哲学和经济学家约翰·穆勒的《论理学大纲》，法国思想家孟德斯鸠的《法意》，法国思想家卢梭的《民约论》《爱弥儿》，英国文学家狄更斯的《双城记》《块肉余生记》等此前未读的书。图书室设在隐僻的角落，其中有些特别重要的反清革命书刊，另藏于两个大箱内，由黄展云自己保管，并只让加入“励志社”的学生们秘密阅读。

林白水、黄展云等教师组织高年级学生成立“励志社”，该社以反清革命为宗旨，通过组织会员和学生阅览《扬州十日记》《嘉定三屠记》《太平天国笔记》《满清秘史》等禁书，来强化“反清”意识，再通过研究历史名人诸如民族英雄文天祥、史可法、郑成功以及思想家黄宗羲等的传略，培养和强化汉族意识。林觉民的同学陈与燊、陈可钧、陈更新等均参加了这个叫“励志社”的组织，他们常在一起谈论革命大事，抨击时弊。陈与燊常对人说：“现在国势如此危急，推翻专制王朝，振兴中华，正是我们义不容辞的责任。”有一次，黄展云率学生赴永泰方广岩游览，对学生讲述历史上民族英雄的故事，学生听后很受感动。“励志社”成员以民族英雄为榜样誓死推翻清朝统治，建立共和。10 位同学商定各人都用“汉”字做自己别号的第一字，另以“顿、仑、男、子、杰、新、民、轰、烈、郎”10 字作为自己别号的第二字，用来鞭策自己成为像华盛顿、拿破仑一样杰出的人物，以成立新的国家、培养新的国民为目标，做一番轰轰烈烈的革命事业。10 位成员围坐在一起，按照次序分别取姓名用字，于是有了程祖樵（汉顿）、黄光弼（汉仑）、高贻书（汉男）、蒲开泰（汉子）、倪履新（汉杰）、陈与燊（汉新）、严骥（汉民）、张兆蓉（汉轰）、蔡世俊（汉烈）、陈更新（汉郎），共号“十汉团”。其中，程祖樵低一个年级，其余 9 人则属同一个班。“十汉团”中的陈与燊、陈更新与陈可钧又号称“三杰”。所谓“近朱者赤”，林觉民与他们成为同学，相互砥砺，日后成为关系密切、意志坚定的革命同志。

教师们随着时势变化开展革命活动，并根据具体情况吸收学生骨干加入。方声涛等老师常常向学生讲解时政：“中国地大物博，列强觊觎，纷纷割占我领土，侵蚀我利权，欺压我人民。因此要保护国家，必须有英明强大的朝廷。可是今天的朝廷如何？”1903 年，全国掀起“拒俄运动”，黄展云组织同志，在侯官小学开会，成立“海滨公会”，以“研究学问，讨论国闻”为名，计划编印刊物、编练义勇队，与海内外志士争相声援，因遭当局阻挠而未果。1904 年，日俄两大列强在中国土地上爆发战争，清政府只能书面照会，战争结束后，腐败的清廷竟同意根据《朴茨茅斯条约》将原沙俄在东北的部分权益转让给日本。消息传来，清廷无能的表现让大家沉痛不已，黄展云策动本校学生黄光弼出面，与福建高等学堂的学生林月稚等在仓山益闻学堂成立福建学生联合会，并发动上街游行。侯官高小成为当时福州联络青年、宣传反清革命的中心之一。1905 年春，黄展云、郑权、郑祖荫等组织汉族独立会，从事反清革命活动，与革命党人黄兴、陈少白联系密切，曾密商实行起义，鼓励学生参与。

此外，教师们也非常注意培养优秀学生，尤其是将参加“励志社”的学生骨干，作为革命的储备人才。黄展云认识到必须武装推翻清廷，于是在 1905 年夏高等班第一期结业时，派遣优秀毕业生学习军事技术，如陈更新赴日本东京九段体育会学习马术和兵操，准备投陆军学校；蒲开泰去上海四马路科学仪器馆附设专科学校专攻理化，学习制作炸药，两人每月共30元学费，由学校供给；派严骥（严汉民）入闽江要塞炮科学堂学习操炮，作为武装行动的准备。陈与燊、陈更新、林觉民、严汉民后来都参加了黄花岗起义，起义后，除了严汉民脱归外，其余3人都慷慨就义了。侯官高小是福建人公认的革命学生的出产地。

1906年秋，因本城私立小学创办者妒忌侯官小学的办学成绩，想取而代之，屡屡向清朝官府密告，称侯官小学是“革命党巢穴”，黄展云等“图谋不轨”“蓄意造反”等。省府饬侯官、闽县两县会同查办，终因黄展云在校内早有准备，两县令也不想穷究到底，多生事端，于是以“查无实据”上报销案。后来，主管全省教育的福建提学司命侯官小学、闽县小学合并，改称“闽侯两等小学堂”，校址迁往别处。黄展云与兄黄翼云被迫离开福州，东渡日本，考入早稻田大学师范系深造，并在日本加入同盟会、共进会等革命组织。1908年，黄展云回国，主持益闻阅报社，并在法政学堂担任“修身”课教师，继续进行反清革命活动。

林觉民在侯官高小约两年，大约1902年毕业，接着考入刚成立的全闽大学堂。这所学堂与侯官高小不同，它虽然是戊戌维新的产物，但毕竟是清政府官立的学校。1901年清廷采纳张之洞的兴学计划，定学校章程，于是年8月诏命各省改省城书院为大学堂，府州设中学堂，县设小学堂及蒙养学堂。1902年3月，闽浙总督许应骙奏准设立全闽大学堂，将福州东街三牧坊正谊书院旧址及附近民房改建，延聘中西文教员18名，招收120名公费生，40名自费生。1904年1月，学部颁发《学务纲要》规定：京师设大学堂，各省只设高等学堂，高等学堂作为大学预备科。于是全闽大学堂改名为福建高等学堂，首任总教习是清末进士、原翰林院检讨叶在琦。1905年正月，原礼部侍郎、内阁学士陈宝琛继任总教习，改称学堂监督，聘请多名留日归国教员与日本教员，决定第一届学生4年毕业，比照中学堂颁发证书，第二届以后为高等预科，5年毕业。

福建高等学堂创办之初主要培养大学预科生，规划的课程有：修身、读经、国文、中外历史、中外地理、博物（动物、植物、矿产）、生理、英语、数学、物理、化学、法制、图画、体操（兵操、器械操）。英语、博物、器械等聘外籍教师，音乐课因缺教师无法开课，直至民国元年林璇留日学音乐归来，被聘为教师才得以开办。尽管科目多，但最被重视的是国文科，不及格者即被留级或淘汰。国文含古文、作文两部分，作文当时多写半白话文，字数限制严格，务求简明扼要，表达清晰。期考、年考都被列为首门，平时学堂监督不一定在校，但国文考试必须由学堂监督亲自主持，作文由其亲自命题，考卷由各位国文教师批改后评出分数，再由监督按好、中、差等级亲自抽阅复核。林觉民出身书香之家，国文自然不在话下。曾任国文教师的陈遵统后来评价林觉民"独雄于文"，"在校为文，洋洋洒洒，下笔千言，后来渐加凝练，由长而短，又由短而长，四年之间，境界凡三四变，而一过一次大成"。

林觉民逐渐在福建高等学堂显露头角。他有几个优点让同学们都喜欢亲近他。第一，凡是社会有公益活动或朋友遇到困难，他都竭力相助。而且他生性慷慨旷达，不计较金钱，即便自己省吃俭用，甚至饿着肚子，也要照顾更困难的同学，而不会有任何勉强之感，所以同学们有困难也乐意来找他帮忙。其次，林觉民性格诙谐，涉口成趣，如果遇到性情相投的朋友，更是妙语连珠，经常一句话就让大家哈哈大笑，大家都佩服他的幽默与口才。同辈们聚会聊天，如果有林觉民在场，就绝不会冷场。第三，林觉民平时不畏惧强权，福建高等学堂数次掀起风潮，同班同学多推林觉民为首。课余谈及时事，往往慷慨激昂，常说“中国非革命无以自强”，自号“抖飞”，以推翻清朝统治为己任，以革命殉国为理想，林觉民也因此声望大著。

福建高等学堂时代的林觉民虽然课程繁多，但他志气高昂，绝非只顾低头念书、求田问舍之辈。林觉民相貌俊朗，眉宇间透露一股英气，目光炯炯有神。他平时穿着简单，不修边幅。狂放不羁的林觉民喜欢游览山水，福州及周边那些幽僻的景致和名胜，他都去过。福建高等学堂的总教习叶在琦十分欣赏其倜傥潇洒的性情，曾经对他的父亲林孝颖说：“你这个孩子举止不凡，还是不要管束得太严，稍稍放任一下，有助于培养其刚大浩然之气。”林孝颖本来就颇具文人风骨，凡事不肯苟且，他觉得林觉民不羁的性格跟他颇有几分类似，当年林觉民拒绝参加童生考试的事也让他觉得这孩子志在高远。如今总教习有这样的建议，看来英雄所见略同，林孝颖于是笑了笑，接受了这个建议。

20 世纪初，福州的革命活动仍然在秘密进行中，并先后成立了一些革命组织。1902 年 2 月 27 日，藤山文明社的郑权携带革命书刊，自南京返回福州，在与郑祖荫、黄展云、蔡毅等合计后，在仓山小岭朱子祠，以祭孔为名酝酿成立一个新的革命社团，不久，在仓山冯巷铺的古榕书院成立了福建省最早的革命社团，即益闻社。社内设立学堂，以培育革命学子，并设阅报所，作为联络革命同志的机关。发起人郑权是福建闽侯人，著有《瓜分惨祸预言记》及《福建之存亡》等文章，猛烈抨击清政府守土无能，中国面临列强瓜分危局，以唤醒国人对朝廷的迷梦。除了益闻社，还有设在福州仓山古榕书院的桥南公益社，于 1907 年以办理劝葬、戒烟、施药、救火等公益事业为名，向清当局立案，暗中则吸收志士参加革命组织。

1903年春，林森与潘祖彝、江屏藩、陈模、林述庆、史家麟、郑仲敬、李树藩等首倡，在上海筹设“旅沪福建学生会”，林森被选为会长。学生会成立不久，就同闽籍留日进步学生林文、方声洞等人建立了联系。同时又与福州古榕书院益闻社的郑权、蔡人奇联系，在益闻社成立旅沪福建学生会的支会。一时间，许多闽籍学子都加入了学生会，例如黄花岗烈士中的林文、林觉民、方声洞等人均为福建学生会会员。

1904年夏，福州所有的武备学堂、师范院校、大学堂、高等学堂、两等小学等各类学生千余人，在小岭朱子祠的益闻学堂成立福建学生联合会，推举了大学堂的林月樨、侯官学堂的黄光弼作为学生代表。名义上，这是学生联合会的组织，实际上，它是黄展云、郑权等革命前辈指导下的进步团体，例如黄光弼出面组织学生会，就是黄展云进行谋划与策动的。大会之后，学生队伍游行至共和山堂的文明社，与各会党的头目见面，公然提倡革命。林觉民就是福州以古榕书院为基地的本地革命团体的一分子。

学校内部、学生会的革命风潮与校外的革命团体相呼应，例如林觉民和他的同学们就参加过一个叫“共和山堂”的革命组织。这个革命组织脱胎于旧时民间的哥老会。清末福建有四大会堂相互联络，分别是福州南教场的“复明山堂”、长门的“威义山堂”、延平的“复汉山堂”、兴化的“辅汉山堂”。尤其是“复明山堂”，凡驻福州城台各处军队都是他们的范围，以民族主义为号召，在福州影响很大。四大山堂联络一气，所有暗号全国相通。1903年，各山堂赞助邹燕庭、林斯琛另行开山立堂，创立“共和山堂”。

林觉民和几位同学商讨计划，介绍一批批同学加入了共和山堂。侯官小学的学生在校长黄展云的策动下，大多加入，其中由高等学堂林觉民、陈以理、杨子玉等亲自介绍入会者数十人；英华书院由刘作霖介绍入会者60人。此外还有工界人士120多人，商界人士60多人。共和山堂自开山立堂之后，与各山堂交际频繁，于是林斯琛、刘元栋、严骥在下渡十境祠创立了“藤山文明社”作为山堂的秘密机关。文明社以购置书报、开通风气为名义，实际上专门联络各路山堂头目举事，也经常联络福州的学生联合会，以及孙中山领导的兴中会等，对于革命消息很灵通。总的来看，文明社其实是新旧反清势力汇集之所。

共和山堂采取了旧式秘密会社的组织结构，成员来源较为复杂，其所交往的对象多三山五岳的奇技异能之士及反清复明的洪门、三合会等各类人群，现在又加入了大批的师生、社会人士、革命党人，因此不仅内部常有分歧，而且还引发了统治者的反弹。1904 年，福州学生联合会和文明社公然会面，高调提倡革命，福建的藩司周莲于是下令逮捕革命党人。林斯琛、刘元栋、严骥、郑权等纷纷到外地躲藏，文明社也不得不解散了。共和山堂后来逐渐被更具革命性的汉族独立会取代。

1905 年，中国同盟会在日本东京成立，孙中山为总理。林森与旅沪学生会会员均入会。福州高等学堂的学生们十分兴奋，大家觉得有了精神和行动的领导人，革命情势更明朗了。革命者在古榕书院集合讨论，决定以孙中山“驱除鞑虏，恢复中华，创立合众政府”的民族主义为诉求，争取福建独立。在孙中山的民族主义思想指导下，福州的“汉族独立会”于同年成立了。

1905年春，福州革命党人在仓山古榕书院成立汉族独立会，演奏爱国乐曲，会长郑权发表演说，主张“为了推翻帝制要积极做好军事准备”“举义独立，树全国革命之先声”。汉族独立会不仅有较完整的“会章”，而且会内“训练党员”“秘密通讯”“司法审判”“运动陆军”等分工详细，总体以军事活动为基本内容，以福建独立为目标。所有会员，都是各社团、各学校中最激进的分子。在组织方面，郑权、郑祖荫为正副会长；邹燕庭、林斯琛负责训练党员；杨子玉掌秘密通讯；陈与燊任司法审判；林觉民、陈更新负责运动陆军；刘元栋、黄光弼、严汉民、蒲开泰、刘作霖、冯超骧、谢申图、郑庆渭、黄鲁贻、施亮圭、林衡可诸人，各负责重要工作。

加入汉族独立会手续非常严格，须经过两道程序。首先加入共和山堂，学习口号、手号及其他联络的方法，并且通过执行任务而对申请人加以考察，经过考察确实忠诚可靠，才能加入汉族独立会。入会时，歃血为盟，会章森严，违者杀无赦。黄花岗之役，汉族独立会派施明前往帮助，并洽商福建省支援的枪械等问题。施明到时刚赶上参加起义，但最终失败而回，会众认为他未能为国牺牲，互相责难，汉族独立会几乎就要解体。

古榕书院汉族独立会的革命活动，促进了其他社团的成立。例如林斯琛、邹翼等革命党人先后创建了观我学校、西城学校、开智学校、铺前学堂、普文学堂等，作为党人聚会的地方。此外还有吴适组织的连江光复会，该会从旧时会社组织转变而来，以郑家祺、曾检三、林祥熊、林复良等为中坚，后来吴适率众参加辛亥广州起义，仅光复会就有 9 名成员埋葬于黄花岗，另外包括吴适在内的生还者也有不少是光复会成员。

林觉民在吉庇巷谢家祠组织他的读书社，把《苏报》《警世钟》《汉书》《天讨》等革命进步书刊摆进去。在距自家杨桥巷不远处的锦巷七君庙，青年学生组织了一个爱国社，常举行活动。1905 年 5 月，美国苛禁华工的“续约”，上海各界群起反对。福州各社团也举行聚会，探讨抵制的办法。林觉民在七君庙前发表《挽救垂危之中国》演说，说到沉痛处，拍案捶胸，声泪俱下，听众动容。福建高等学堂的一个学监恰好在场，事后这位学监对人说:“亡大清者，必此辈也！”

1906年春，汉族独立会副会长郑祖荫，由东京的同盟会会员介绍加入中国同盟会。夏天，他奉孙中山命，在福州成立同盟会福建支会，并担任支会会长，林斯琛任总干事。福建支会的总部设在桥南公益社内，对外称为丙午俱乐部。此后，汉族独立会全体会员依同盟会誓词，加入为同盟会会员。誓词为：立誓约人某省某府某县某人，当天发誓，驱除鞑虏，恢复中华，建立民国，平均地权，矢信矢忠，有始有卒，如或渝此，任众处罚。会员某，介绍人某，天运某年某月某日。林觉民平时就读孙中山创办之《民报》，此时又通过汉族独立会加入了同盟会，正式开始追随孙中山先生，积极从事民主革命思想的传播活动。

林觉民在活动中注意到教育的弊端，他认为当时的官立学校过于腐化，校长只关心升官发财，老师得过且过，学生也无心向学，学校上下都浑浑噩

噩，毫无理想。他比较欣赏《革命军》作者邹容的“革命与教育并行”的思想，认为应从小给学生灌输革命思想，践行邹容的“三义”“四要素”的理想。所谓“三义”指的是：当知中国者中国人之中国也；当知平等自由之大义；当有政治法律之观念。所谓“四要素”指的是：养成上天下地，唯我独尊，独立不羁之精神；养成冒险进取，赴汤蹈火，乐死不避之气概；养成相亲相爱，爱群敬己，尽瘁义务之公德；养成个人自由、团体自由，以进人格之人群。在此思想指导下，林觉民立志办一所革命与教育并行的小学，经过与朋友谋划及筹款募捐，最后在福州城北找到一所房子做校舍。林觉民喜欢与学生们游玩，擅长借题发挥，常常借助身边的具体事例，以讲解知识或宣传新思想。

林觉民有一天对几位同志说："革命教育固然要从小学生做起，但是社会上那么多成年人无知无识，不知革命，不如我们办一所不必花费太多精力的读报所。如果一般人都不看报，不了解革命，也就无从拥护革命了。"于是在魁辅里（今吉庇巷）谢氏宗祠创办了一个读报所。当时鼓吹革命的著作、刊物已经十分蓬勃兴盛，最受欢迎的是邹容的《革命军》，福州有志之士纷纷借阅，有的甚至手持一册，反复熟读，整个福建都弥漫着讨论《革命军》的风潮。林觉民发现此书后来改了许多名字如《革命先锋》《救世真言》《图存篇》等，他都尽量购买。还购有从宣扬保皇变法转为宣扬革命的《苏报》，该报经常刊登邹容和章炳麟的文章。另外还有《浙江潮》、陈天华的《猛回头》与《警世钟》、秋瑾办的《中国女报》，以及1905年在东京创刊的《民报》等。孙中山曾撰写《民报》发刊词，提出三民主义。他们把能搜集到的革命书刊全部找来，供附近民众阅读，因此这里也成为聚会讨论时局之处。很多人从未看过此类书，有人大惊失色，有人悲愤流泪，有人拍案叫绝，不少年轻人要求加入革命党。

读报所经常发布革命的动态和消息，宣告演讲的日期和地点。其中林觉民的演讲最能吸引人。有人怀疑革命能否成功，因为毕竟之前的广州起义、惠州起义都失败了，林觉民就说："现在的朝廷就是一所摇摇欲坠的大屋子，每根柱子、每根屋梁都是已经被蛀虫破坏了，经不住轻轻一震，就会垮塌。也许革命不会很快成功，但是我们都抱着不惜一死的心情，我们死了还有同志们接上来，大家都不怕死，革命一定会成功。何况，现在不光是国内，国外的中国人也已热烈地响应革命了，日本的留学生无时无刻不在做革命的活动，南洋一带的中国人也在关心、参加革命活动，所以革命党人不是大家想象的那么少。”他以此鼓舞士气，给大家增强信心。

林觉民所敬佩的邹容只比自己大两岁，却是有些传奇性的精神导师，他经常讲邹容的故事给年轻人听：根本就没有人逮捕邹容，他接到好友章炳麟从狱中寄来的一封信，就自己跑到巡捕房自首，自称："我是邹容，就是写《革命军》的邹容，来陪章炳麟的。"于是官府就把他抓起来跟章炳麟关在一起。邹容是活力充沛的青年，被关进牢里受不了，加上痛恨朝廷的腐化，不久就病倒了。章炳麟让狱吏给他治病，可恨狱吏不答应，邹容病了40天，最后口吐鲜血而亡。林觉民称这是革命勇士的牺牲故事，他往往会讲到声泪俱下，听者深受感动。

林觉民早年在福州的求学与社会活动，总的来看，是当时福州革命党人在教育、社会组织、革命团体等方面的活动的组成部分。福州的这些革命党人成为他主要的社会交往圈，也是日后广州起义的重要力量。

02 东京：心系革命的留学生涯

1907年夏天，林觉民从福建高等学堂毕业，当时福州有不少青年学子，包括若干革命党人都前去日本留学，林觉民受此影响，也向父亲林孝颖要求自费去日本。他的家庭本来不算宽裕，但父亲从孩子的未来考虑，还是勉强答应了。林觉民到了东京，先是补习一年日语，尽管省吃俭用，但是日本毕竟消费高，开销大，家里渐渐地入不敷出。他的父亲偶尔在家信中提到筹措学费之事，林觉民觉得给家里添了负担，十分难过。第二年留学费用都花完了，家里催促他回去，他于是收拾行囊准备返回福州。

当时，有官费留学生丁某跳海自杀，同学们将这个消息告诉林觉民，并建议他尽快申请递补丁某的位置。林觉民按照程序交了申请，果然得到批准。在这笔官费的支持下，1908 年林觉民考入庆应大学文科。第一个月留学官费发下来，他计算了一下，等于 70 多元银洋，不仅生活足够，而且有富余，于是就寄了一些给父亲和妻子。经济状况好转，使他没了后顾之忧，可以全身心地投入学习。

林觉民读书的庆应大学是日本一所著名的私立大学。庆应的前身是创立于 1858 年的“兰学塾”，是一所以传播西洋自然科学为宗旨的学堂，创始人福泽谕吉是日本近代的启蒙思想家，主张向欧美列强学习，日本应“脱亚入欧”，庆应大学也因此成为日本学习西方制度、文化和科学技术的学术重镇。林觉民在庆应大学专攻哲学及英语、德语，但他并非对语言本身感兴趣，而是把语言当成学习西方的工具。他除了学习语言外，还经常关注日本学者介绍西方政治、法律的文章，甚至自己找书翻译，同盟会领袖黄兴曾提到林觉民“尝学法律”，大概指的就是他曾旁及法律。

林觉民与同乡林文、族弟林尹民在东京小石

川区租屋同居，人称“三林”。“三林”虽然都是1887年生人，但林文年纪大几个月，而林尹民最小，所以留学生们按照他们年龄大小，将林文称为“大林”、林觉民称为“中林”、林尹民称为“小林”。“三林”情若兄弟，他们把居住的小房间命名为“田野”。

“三林”中的“大林”即林文是闽侯人，出身于官宦世家。他的祖父林鸿年是道光年间的状元，历任国史馆、文渊阁、方略馆的编修官，后官至琼州知府，辞官后任福州正谊书院山长。其父林聂，光绪举人，精通考据学，官至浙江知县。林文出生于这样的精英家庭，却没有任何的纨绔之气，相反，他为人豪迈任侠，素有大志。1905年，他留学日本，开始在成城学校学习军事，后改入日本大学法科。林文性格深沉有谋略，深受孙中山先生器重，与同盟会领袖黄兴、张继、胡汉民、赵声、倪映典等来往十分密切。1905年8月作为最早的成员之一加入中国同盟会，曾任福建分会会长，也是同盟会《民报》的住社经理。他虽然年轻，但资历较深，深受福建籍留学生的信任与爱戴，被同学们称为“大将军”。林觉民在家乡见过林文一两次，此次同屋居住，更受到他的影响。

“三林”中的“小林”即林尹民也是闽侯人，他生而丧母，长大倜傥有大志，喜欢饮酒，擅长少林拳。他少年时期，曾跟随浙江做官的伯父在外求学，与林文是同校好友。林尹民文武双全，每次考试都是第一名，所以他的伯父很器重他。1905 年林文东渡日本，林尹民闷闷不乐，于是他的伯父决定资助他赴日本留学，同样入成城学校。1910 年毕业后，又考入日本第一高等学校医科，补为官费生，但他更喜欢研究兵书，曾感慨说：“大丈夫生此世，当以铁骑五千，横行天下，驱逐胡虏，收复河山。”他性格中有儒侠的成分，喜欢在月明之夜，在院中翩翩而起，运剑如飞，久而久之，就养成一股雍容敦雅之风，林尹民还曾制作一块私印“剑胆琴心”。1910 年夏，由林文介绍加入同盟会。

住在“三林”隔壁的是陈与燊、李恢、郑烈等 3 人。陈与燊是闽侯人，1901 年毕业于侯官高等小学堂，与林觉民是校友，曾是侯官高小的“十汉团”成员。1908 年，20 岁的他东渡日本，入早稻田大学读法律。陈与燊是同盟会福建分会的重要骨干，留日同乡中的许多组织规章他都曾参与起草。陈与燊与林觉民同样擅长演讲，人称“陈林”。他小学没毕业就登台演讲，他的演说“顾盼生姿，指陈透彻，一座为倾”，“演说界中，推为巨擘”。由于擅长雄辩，凡是有会议，他一定会参加。见到言语荒谬的言论，必定严厉地纠正，然后从容批驳，不遗余力，论锋一针见血，无人能挡。每当众论纷纭之时，他总能以最简明扼要的几句话加以解决，协调了大家的思想。

郑烈也是闽侯人，1888 年生，1901 年入南京水师学堂，1904 年转长沙实业学堂肄业。1905 年，郑烈东渡日本入东京弘文学院普通科学习两年，1907 年入江京大学攻读法律，获法学学士学位。郑烈比林觉民小一岁，但是在日本的时间更久。他后来成为法律专家，也成为烈士们传记的主要作者。

除了住在一起的这几位之外，林觉民还与其他福州同乡、同学联系密切，例如陈与燊的族叔陈可钧，以及陈更新、方声洞、郑贞文等人。陈更新，闽侯人，1890 年生，幼年父母双亡，没有兄弟，与姐姐相依为命。孤身独立，生活十分艰苦。1901 年从侯官高等小学堂肄业，与林觉民是校友，与陈与燊、陈可钧是同学及好朋友，受革命思想熏陶。1906 年东渡日本，入九段体育会，后缺乏学费而回福州城南小学任教员，后又入长门炮术学校。

方声洞也是闽侯人，林觉民在家乡就听说方家是有名的富商，他听父亲提过方声洞的父亲方家湜先生，推崇他们富而不骄，热心公益，思想开明。方家有 6 位同盟会会员，除了方声洞及其兄方声涛，还有妻子、妹妹、嫂子等 4 位女性，一时传为佳话。方声洞还曾被留日同学推选为总代表，同乡会上被选为议事部长和归国代表，党内被选为福建会长。

郑贞文，字心南，福州长乐县人，1891 年出生在一个没落的书香门第。3 岁丧父，自幼勤读，12 岁考取福州府学秀才。1906 年，随亲族东渡日本，先后就学于日本弘文学院普通科、正则英语补习学校、东京第一高等学校预科、仙台第二高等学校本科等。1909 年，他在东京参加了同盟会。

这些同学好友中，方声洞、林觉民、陈与燊共同承担演讲工作，此外还有林觉民的同学、福建高等学堂毕业的林月樨也以能文雄辩著称。这些同学、老乡在东京，经常在一起学习、讨论，也相互介绍参加同盟会。例如，1906 年郑烈就是由李恢介绍加入中国同盟会的，并与李恢成为室友，参与隔壁宿舍林文、林觉民等人在东京郊外密设的中国同盟会福建支部的活动。另外，他们还积极吸纳新人进入同盟会福建支部。例如，1909 年郑烈介绍东京法政大学留学的福建省永春县宋渊源即是一例。这样的一个由同乡、同学组成的团体，大家相互信任、相互影响，凝聚力很强，后来都参加了辛亥广州起义。

林觉民在日本读书，喜欢研究先秦诸子，尤其喜欢《庄子》《离骚》这两种书。乍一看，庄子和屈原政治态度刚好相反，庄子追求个性自由，不肯为当权者服务；而屈原则积极推动楚国进行政治革新，甚至最后被楚王流放。实际上，他们也有很多相似之处。他们都是性情中人，面对残酷的政治现实，不肯随波逐流，并殉了自己坚信的“道”。尤其屈原在《离骚》的前半篇反复倾诉对楚国命运和人民生活的关心，反对政治保守派，要求革新政治；后半篇通过神游天界、追求理想的实现和失败后欲以身殉国的陈述，反映出诗人热爱国家和人民的思想感情。阅读这两部著作，林觉民从其中得到了深刻的启发，即他不肯向现实妥协，要为改革中国的政治而“殉道”。林觉民的文风笔意也与《庄子》《离骚》很相似。

林觉民在日本还创作了小说《莫邪国之犯人》。此小说已不存在，从书名推断，可能从中国古代“干将莫邪”的故事演变而来。此故事最早出自汉代刘向《列士传》和《孝子传》中，而东晋干宝的《搜神记》记录的版本流传更广。故事称干将给楚王铸成雄雌二剑后被楚王杀死，其子赤在侠客的帮助下，终于为父报仇。这个故事不仅揭露了封建暴君残害人民的血腥罪行，而且表现了我国古代劳动人民反抗压迫的英雄行为，以及山中侠客见义勇为、自我牺牲为赤复仇的豪侠气概。这种情节，与早期会党常常参与的暗杀行动十分类似。

当时的日本处于明治维新后国力蒸蒸日上的状态，积极引进欧美制度，大量翻译欧美的著作，介绍西方的时事状况。当时日本有个法学家小野塚喜平次，在报纸撰写了系列论文，介绍欧美各国的政治制度，后来结成文集《六国宪法论》。小野塚喜平次（1871—1944）曾在德国、法国留学，后任教于东京大学，是近代日本政治学“国家学派”的代表性人物。在晚清刊行的诸多政治学译本中，小野塚喜平次在日本法政大学法政速成科的口授讲义及其《政治学大纲》被译介到中国，用作清末法政学堂的“政治学”教科书。其中，1907 年林觉民福州侯官县的同乡、留学日本的郑篪就翻译了《政治学大纲》，并由商务印书馆出版。鉴于小野塚喜平次教科书式的影响力，林觉民应该在国内就听说过他。

当时小野塚喜平次在杂志上陆续撰文，这些文章当然也会受到留日学生的关注。为了练习日语，更重要的是把欧美概况介绍到国内，林觉民决定将小野塚喜平次的《各国近时政况》翻译成中文，这本译著在他去世后的 1912 年 4 月由商务印书馆出版，其序言中称：

> 日本法学博士小野塚喜平次，为专攻政治学大家，尝就欧洲重要各国政治上之近况搜采其事实而加以归纳的论评随时著为论文，发表于国家学会及法学协会两杂志中，既又汇集各篇，并为一册，以供研究政治学者之参考。闽县林君觉民译为汉文，词义畅达，尤能不失本意，乃未及刊行而林君于上年四月广州之役，赍志以没。本馆就林君之家得其译稿，受而读之，以为原书固为攻政治学者不可不读之书，而林君辛勤翻译，饷遗政学界之盛意尤未可湮没，爰即付印，惟原书至第八章止，故译稿亦止于八章。而小野塚氏近时所发表之论文，更有数篇，因请蔡君文森，卢君尚同续译，附刊于后，以成全璧。

林觉民翻译的前8章，分别为英国、法国、德意志、奥匈帝国、意大利、俄国、西班牙的概况，而补入的几章，分别为小野塚喜平次论述葡萄牙、意大利、英国、土耳其的近况。通过翻译这本书，林觉民对列强的政治制度、政党概况有了更具体的了解，对中国何以落后也有了更深切的认识。

林觉民利用回国的机会，继续鼓动革命。他为了唤起民众觉悟，还写了《与父老书》一文，其中称：“时局紧迫，所以大家需要起来改革。如果犹豫不决，时局恶化，父老们或许连善终都是奢侈的妄想，甚至会悲惨地死去。这种惨祸无法用语言形容。所以，不揣冒昧，想结合时局，把平日所见、所思，向各位父老进行陈诉，只希望能够有些许的补救，那么我的目的就达到了。”讲完这些，他列举了列强之所以崛起，而被殖民国家之所以落后的原因：

印度、埃及之亡，日本之兴，父老当亦闻而见之矣，则国之存，不能恃其历年之久，土地之大，人民之众也，明矣。今日中国，狼虎瞰其四旁，事权侵蚀殆尽，虽曰历史四千年，版图二十二省，人民四百兆，其万万无可以自存之道，不待烛照、数计而龟卜矣。父老日惟米盐酱醋衣服居室是病是苦，儿孙是护，无水旱盗贼是祷，以为是数者，皆如愿，他无足置吾念者。嗟夫，父老之苦心焦虑，可谓至矣。却不思亡国之惨，有甚于饥寒、疾疫、水旱、盗贼万倍乎！

林觉民认为父老乡亲要意识到，中国虽然地大物博，历史悠久，但并不能保证国家的安全，因为印度、埃及就是前车之鉴。而且，他认为当时的“亡国”与古代的“亡国”有本质的区别，因为古代亡国只是一家一姓的朝廷的更迭，新的朝廷仍然让旧的子民贡献菽米布帛等赋税和承担差役，对老百姓的生活没有实质影响。所以他说：“虽朝秦暮楚，曾于父老之米盐酱醋衣服居室无与也。”但是现代不一样，殖民地国家所有人的生活都会受到严重影响，所以他呼吁大家团结起来，共同抵御列强的侵略。

1907 年 4 月，林觉民刚到日本不久，就发生了闽籍同学陈天听投海而死的事件。陈天听，字不浮，福州仓山塔亭人。陈天听出身书香之家，自少博览群书，喜欢饮酒，“倚剑高歌，睥睨一世”。中日甲午战败，清廷割让台湾，陈天听深感痛心，曾赋诗凭吊。1904 年在湖南以幕籍咨送日本留学，专习法政。1907 年毕业，4 月 19 日乘日本“博爱丸”船回国。途中与韩国人聊起甲午战后中韩两国屈辱的经历，不禁有同病相怜之慨，痛哭一夜。21 日，船由神户出发到播摩滩午餐，陈天听又与同归者纵谈日本压迫，义愤填膺，泪下如雨。倾诉完之后则沉默不语，一个人在船头踱来踱去，对国家之绝望痛心，无以言表。至午后，大呼：“中国竟无人耶！”一跃而下，蹈海殉国。

陈天听蹈海而死，极大地刺激到在日本和福州的中国人。福州革命同志在仓山十锦祠为其举行追悼大会，吊唁者络绎不绝，革命党人彭寿松在会上慷慨演说，痛哭流涕，当场剪去发辫，立誓推倒满清。东京的留学生们一开始意见分歧，例如林觉民的堂兄林长民就认为陈天听一死了之，是逃避责任，大家应该为国家做些实事。当时很多留学生认为他言论过激，就当时情形而论，陈天听以身许国，能够纠正一些人贪生怕死的观念。大家决定在日本给陈天听举办一场隆重的追悼会。林觉民代陈天听写了一篇慷慨激昂的绝命书，陈与桑和林月樨都准备了演说稿，并约郑贞文合作写了多副挽联。在陈天听的追悼大会上，许多留学生发言。林觉民、陈与燊在会上演讲时，会场气氛十分热烈，革命情绪很高，大家都觉得清廷如此腐败无能，必须武力推翻才行。这次追悼会对激发留日学生的爱国心，起了一定的作用。

林觉民每次登坛演说，“左顾右盼，久而弥壮”，很有感染力，在陈天听的追悼会上慷慨激昂的演说已经让他俨然有领袖一方的气势。当时国家危机重重，列强纷纷掠夺中国的利权，而革命党人在国内的几次起义皆归于失败，可谓内忧外患。坏消息纷至沓来，东京的朋友聚会时，心情都十分沉重，很多人甚至相对而泣。看到这种情况，林觉民迅速站起来，大声说：“中国已经危险到这种程度了，男子汉大丈夫不过一死，为何要学新亭对泣，像个亡国奴一样？我辈既然都自许为壮士，就应当拔剑而起，解决根本问题，如此一来，国家危如累卵的局势，或许还有挽救的可能。凡是有血气的人，难道坐视第二次亡国的惨状吗？”大家听了，都肃然起敬。

林觉民在日本的几年，中国各种主张的政治人物多喜在日本发展势力。立宪派和革命派在日本的斗争很激烈。戊戌变法失败后，康有为和梁启超流亡海外，继续宣扬君主立宪。1902 年 2 月 8 日，梁启超在日本横滨创办《新民丛报》半月刊，不遗余力地通过报纸向国内介绍西方学术思想、政治学说及科学文化，提倡要做“新国民”，在国内外引起强烈的反响，大家争相传阅。1903 年，梁启超赴美洲游历长达 9 个月，目睹欧美的种族歧视、贫富不均等各种问题，于是开始反思西方国家的问题，立场趋于保守。梁启超思想上的变化影响到了《新民丛报》的报道，此后该报对西学的宣传明显减少，活力大为减弱。1905 年，宋教仁在东京创办了中国同盟会的机关报《民报》的前身《二十世纪支那》。同年 11 月，《民报》与《新民丛报》展开大论战，此时梁启超的思想已经完全倒向保皇派，他在 1906 年 1 月出版的《新民丛报》第 73 号上刊发《开明专制论》和《申论种族革命与政治革命之得失》，竭力反对革命，提倡君主立宪。此次规模空前、持续时间甚久的大论战，最终以

1907 年《新民丛报》的停刊收尾，《民报》大获全胜。

林觉民到日本的时候，正值革命派与立宪派舆论战正酣，而革命派势力上升之际。他作为同盟会的活跃分子，积极参与了这场论战，为此还发表了《驳康有为物质救国论》等文章。戊戌变法失败后，康有为在外漂泊了 16 年，游遍四大洲 31 个国家，前后出入德国 11 次。他在《德国游记》《补德国游记》《日耳曼沿革考》及若干诗作中都亲切而具体地叙述了德意志的历史文化和现实状貌。他看到现代德国后来居上，迅速拥有称霸西方世界的国家能力。他追溯了德国之所以强大，中国之所以落后，从而提出了一个救旧中国开新中国的方案，即中国之所以积贫积弱，是因为不讲求物质学。那么什么是“物质”呢？康有为认为物质是无穷无尽的，对于当时的中国而言，最重要的是引进西方在工艺、汽、电、炮、舰与兵等方面的成果，涵盖了经济、科技和国防 3 个方面。1906 年康有为正式发表了《物质救国论》，此论意在反对民主革命和文化革命。林觉民为此写了《驳康有为物质救国论》一文，认为康有为只讲物质文明的重要性，不肯改革政治与文化体制，仍然是治标不治本的思路，而只有推翻旧政权，才能真正实现富国强兵。

除了发表文章进行论战外，林觉民与朋友们还在演说中反驳君主立宪派。当时君主立宪派在东京发行《新民丛报》，鼓吹君主立宪，反对暴力革命。有一天，他们听说梁启超在神田区锦町的锦辉馆演讲，于是前去观看。这里原是属于中国留学生的会馆，1901 年在东京成立，其宗旨是加强各省留日学生之间的联系。会馆成立后，留日学生得以经常在此聚会，纵谈政治，因此各个政治派别多在此宣讲，希望争夺到留学生群体。这次梁启超上台演讲，继续宣扬他的君主立宪的主张，而台下的革命党人针锋相对地进行批驳。梁启超词穷，便由台后逃走。于是陈与燊、林觉民等相继登台发言，陈述中国非革命不能抵抗强权、建立民主国家的道理，台下掌声雷动，夺取了立宪派苦心布置的地盘。

1910 年夏天，陈与燊在东京创办宣传革命的月刊杂志《天声》，意在鼓吹天下公义，所以起名“天声”，陈与燊与林觉民担任论说主笔，大有同盟会《民报》主笔汪精卫、胡汉民的风格。后来因故这本《天声》未能付印。陈与燊《天声出世宣言书》手稿，后由邹鲁影印行世。

截至1910年，革命党经过8次起义都失败了，清政府照会日本、港英当局甚至南洋的国家，不准孙中山居留。孙中山被迫一边全球旅行，一边筹措经费。国内的革命计划和活动，则交给黄兴、胡汉民负责。两人在香港设立同盟会南方支部，胡汉民担任支部长，同时拟订了“运动军事章程”，准备在广东起事。林文的好友倪映典原是广东新军排长，通过他秘密联络其他排长和新军，于是1/3的新军加入了同盟会。本定于1910年正月十五举事，不料发生两件事，使得举事提前。一件事是上年12月下旬，新军的同盟会入党证被搜出，各营的弹药及步枪机柄都被收缴。第二件事是12月底新军第二标第三营的士兵吴英元，因为印刷厂纠纷而与巡警发生对立，最后演变成新军和警方的冲突，导致水师提督兼巡防营统领李准严密戒备。此两件事促使他们改于正月初六举事。倪映典从香港再返回广州，发现形势已经十分严峻，于是初三一早，他就担任司令，身穿蓝袍，手持青天白日党旗，率领新军冲锋，走到横枝岗，被巡防营三面包围，中弹身亡，新军阵亡数百。倪映典起事失败，清政府加强防范革命党人，林文也受到日本方面的监视和侦察。

倪映典起事时，孙中山仍在欧美游说华侨募款。欧美、南洋的华侨捐款加在一起有15万元之多。有了经费支持，孙中山决定举全党之力，于1911年农历三月二十九日再次在广州发动起义。他们检讨了此前几次失败的原因，加强了组织和部署。在香港跑马地35号成立统筹部，黄兴任部长，在百花街设立实行部，专门制造炸弹。在江浙、安徽、两湖、广西成立机关，作为响应，预定广州起义成功后，北上长江会师。同盟会在广州租了房子，以“公馆”名义为掩护。由于每次发难都有一部分特别英勇的同志，奋不顾身带领大家，所以这次也计划选拔数百先锋，谓之“选锋”。

1911年春，再过几个月，林觉民等人就要从学校毕业了。他的室友林文卧病几个月，有一天，林文忽然收到黄兴、赵声的信，信上说：“现在革命形势十分有利，希望林文兄能前来谋划，大家一同杀贼。由于人手不足，希望你能多召集一些同志们一同前来，兄台眼光不错，一定会有不错的人选。”林文收到信很高兴，认为同盟会已经筹备很久，军需供应也很充分，于是召集福建同乡数十人商谈。林文拿着黄兴的信，告诉大家说香港、广州已经布置妥当，需要日本方面增派人手。会商的结果，东京的学生都乐意参加起义，具体分工则是林文、林觉民先去香港，协助黄兴进行统筹工作。

大体布置之后，林文又与林森密商，打算率所部同盟会成员参与，只是人员众多，川资缺乏，希望林森帮忙筹措。林森非常乐意帮助，给他们介绍了同盟会会员、台湾人林薇阁，从其募捐旅费3000元。3月8日，林文派陈与燊、王孝忠前往取这笔钱，这群留日学生才得以成行到香港。与此同时，参与的同盟会精英们也都抱着必死的决心参加这次起义。例如，陈与燊在出发去广州前，将以前积存的稿件都焚毁，所有器物都卖掉充作路费。

林文和林觉民乘船到了香港。黄兴见到林觉民非常高兴，拉着他的手说：“筹划革命，一天都

客運

离不开你的帮助呀！”本来林觉民要留下帮忙的。后来，黄兴决定将原拟组织的敢死队同志500人为“选锋”扩充为800人，以便集中力量，一举夺取广州。为了召集足够的人手，需要在革命势力发展较好的福建再征召更多人参加敢死队。商量之后，还是决定派遣林觉民回福州完成这个任务。于是李恢、林觉民等带着募集到的经费，先后回福建召集志愿者。

这是林觉民在家乡的最后时光。林觉民在福州逗留了10天，每天早出晚归，毕竟有太多的老朋友、老战友需要拜访了，例如同盟会福建支会的总干事林斯琛、桥南公益社的刘通、藤山文明社的刘元栋、闽江口炮台任职的冯超骧、原侯官小学校长黄展云等。林觉民虽然在福州、东京小有名气，但论年龄、论资历他们都是老前辈了。他们在福建尤其是福州进行革命的教育、组织、宣传工作多年，在本地的革命党中有强大的组织力与号召力。林觉民少年时就跟着这些“老革命”进行活动，所以这次回来，也必须先与他们商量，通过福州本地的革命组织去召集革命党人。

在这10天期间，林觉民还抽空参加了福州同盟会的机关报《建言报》的编辑工作，并撰写文章。《建言报》的前身可追溯到同盟会在桥南社内所办的内部刊物《调查录》，内容包括时事摘要、省内外其他新闻，其稿件来源有省外报纸、各方通讯和各地群众供给的反清宣传资料，颇受欢迎。1911年1月，为配合即将来临的革命运动的需要，营造更大的舆论声势，中国同盟会福建支部借用立宪党人的名义和经费，决定在《调查录》基础上创办《建言报》，由张海珊、刘通、林斯琛、黄光弼任主编，办报方针是"决不违背共和宗旨"，报道省内外的消息，比较系统地进行民主革命的宣传鼓动，深受社会各界欢迎。当时关心时事的人"莫不以斯报纸评论记载为依归"，人们"视革命党人为天神，皆以为满清政府即将覆灭，黄金时代即将实现"。《建言报》为隔日刊，刊登本地新闻、副刊和评论文章以及外埠的新闻稿，外埠的新闻主要来源于各朋友通讯中反映的消息和摘抄外省的报纸。当时《建言报》主编刘通要求去广州参战，但林觉民建议他继续留下办报，可能贡献更大。黄花岗之役后，《建言报》搜集了许多革命志士可歌可泣的资料，用小说的体裁，以隐晦的笔法，连载在《建言报》上，社会各界都喜闻乐见，尤其得到青年的欢迎，在革命党人和群众中影响越来越大。

林觉民从福建召来的革命者，大多是他在福建学生会、汉族独立会、中国同盟会共事的领导、同学、旧友等。这次同志们难得聚在一起谋划起义，多年的准备就要付诸行动了，大家都不由得心潮澎湃，谋划之余，对酒当歌。林斯琛的酒量很大，特别喜欢划拳，每次不饮两三坛绍兴酒不罢休，饮完即摔罐发誓说："他日吾辈破虏，必如此者！"林斯琛常与冯超骧、刘元栋，以及更年轻的林觉民、陈更新等人饮酒，相互猜拳为乐。除此之外，福州同盟会成员中，长乐人刘六符嗜好喝酒，常自称"洒家"，有草莽英雄之气；更年轻的林尹民也嗜好喝酒练拳，酒后挥剑起舞，兴致很高。这几位都积极参与广州起义，大多在战斗中牺牲了。可以说，对酒当歌体现了早期革命党人豪迈不羁的侠气和勇往直前的牺牲精神。

在林觉民福建"选锋"过程中，刘元栋是一位特别的人物。刘元栋本名刘钟群，字元栋，大家都习惯称其字。他是福州闽县人，交游广泛，能折节下士，曾经只身入荒僻之地，组织会党，不避艰险，来投靠的都以诚相待，而且还给补贴，即使自家日益贫困也不介意。因此，不少豪杰都来投靠，称之曰“慷慨刘先生”。日俄战后，传言割让福建换取辽东，刘元栋悲伤数日不进食，入山召集会党，策划杀掉满人官员，福建独立。事情败露后逃脱。他是福州会党组织复明山堂、共和山堂、藤山文明社的重要骨干，并且成立福州南台的灭火队，借机开展社会活动。他生平视朋友如手足，朋友有难，想尽一切办法，竭力营救。林觉民、陈与燊等人，都和刘元栋是莫逆之交。林觉民回乡招募同志时，刘元栋喜不自胜，因为大家呼吁革命多年，终于有机会拿出实际的革命行动了。刘元栋对林觉民说：“想不到我党也有今日！我的部下都是深明大义之人，都可用，我当率领前往。”又对他的部下说：“是时候了！我将以死报国，愿意跟从的来，不愿意的请便！”大家都哭着说：“先生死，我们何敢生！誓将跟随先生赴汤蹈火！愿听您吩咐！”

数十人愿意跟着他去广州起义。

林觉民和林斯琛、刘通等党内同志商定，由林觉民和刘元栋、冯超骧、刘六符等率若干同志先行，吴适回连江召集光复会同仁前去。林斯琛命能通粤语并曾到过广州的方应团、李长顺同行，以便带路照应。

由于人多惹眼，刘元栋就把队伍分为两批带往香港。他自己带领一部分，与林觉民、冯超骧、林斯琛、严汉民等 20 余人先出发，作为第一批。出发那天，同志们由台江分坐两艘夹板船驶向马江，乘轮船赴港。林觉民、林斯琛、刘通同乘一艘，刘元栋、冯超骧、刘六符、黄以通、刘元栋所带领的仓前街林友基、郭维亮等同乘一艘。后在江上举杯话别，刘六符豪饮狂歌，大有“易水萧萧”之感。把林觉民等人送走后，刘通在福州计划响应起义，林斯琛去厦门准备截击福州赴粤支援的清军。

刘元栋其余数十位部下则由吴适带领前往，作为第二批。黄花岗之役，福建死难的 15 位烈士，大多是刘元栋与吴适的部下。吴适是福州连江县秀才，小澳小学堂校长，与南宋遗民郑所南的后人郑瑞声、拳师曾守辉、黄克安 3 人出于地方防卫的需要，组织广福会，练习技击，会友达 150 余人，吴适为“大哥”，此组织后改名“光复会”。吴适常来福州，和刘通、林斯琛等声气相投。林觉民回福建“选锋”，先跟吴适说同盟会已决定在广州起义，希望他能参与，吴适爽快地答应了；随即，福州同盟会正式邀请吴适，他当即回乡，和曾守辉、黄忠炳等召集开会，于是光复会一行 22 人，于农历三月二十五日由连江往马江，乘轮船出发前往香港。

03 香港：铁血柔情的绝笔家书

林觉民与同志们乘船出发了，从福建到香港，大海茫茫。他的思绪十分复杂，一方面，能够与同志们践行多年来的革命理想，他对此行非常期待；另一方面，他也深知此去祸福难料，一旦遇到不测，家里的父母、弟妹、弱妻、幼子靠谁呢？这样想着，不由得一阵惆怅。以前与父亲、妻子相处的种种琐事，也都渐渐浮上心头。

林觉民虽然是过继的儿子，但是父亲林孝颖、母亲黄氏从来都是非常疼爱他，因他体弱多病，这种疼爱又近乎溺爱。他的母亲去世后，父亲亲自照顾他好几年，他任性不肯好好参加童生考试，父亲也没有太责怪他，反而给他提供了其他升学的机

会。林觉民对父母也是非常孝顺。随着年岁的增长，他在学校读书之外，还从事一些革命活动。他的父亲风闻儿子偶尔出去演讲、组织同学的一些事情，一方面对儿子的能力与才华颇为自豪，另一方面也十分担心，不知道儿子会做出什么危险的举动，毕竟当时反清是灭门之罪，所以他屡次劝告林觉民。林觉民为了不让父亲担心，始终无法对父亲明言自己从事的革命活动。

1905 年，林觉民 18 岁了，他当时还没从福建高等学堂毕业。他的父亲看到他已经成年，希望他能安定下来，于是就给他安排了一桩婚事。可是，婚姻并没有令他安顿下来。婚后不到 1 个月，有一天，他的父亲突然收到一封信，拆开一看，原来是林觉民亲手写的，内容大致是自己有急事下南洋，仓促来不及告别，归期难以预料，希望父亲大人不要挂念。他的父亲见到信后，惨然失落，他很担心儿子会做出危险的事，于是第二天一大早就搭乘轮船赴厦门，希望能阻止他。在厦门各处找了 3 天也找不到，只好买了船票回来。到家后，发现林觉民笑着站在门口。父亲盘问他，林觉民就支吾过去，还是没有告诉父亲自己秘密从事革命的事。也有学者认为，林觉民此次匆忙到厦门，其实是参加省学生联合会的活动而被官府追捕的缘故，他此去正是外出避风头。

林觉民在日本留学期间，他的父亲听说他在日本常常参与同盟会的活动，并且结交的朋友都是“赤心人”，常写信规诫他，让他专注于学业。林觉民就写了封回信，称：“父亲大人之所以不安心，是恐怕儿子学非所用，而且以后有杀身之祸。但实际上，我学习的是文科，主要是心理学、伦理学等学科。岂能因学习心理学、伦理学而得杀身之祸？”父亲也没办法说服他。话说回来，其实广州起义，就是起因于民族心理，试图去解决根本问题。

1911 年春天，林觉民回乡“选锋”，同样没有让父亲知道其真实的目的。父亲见他突然回来，既欣喜又惊讶，问他何故此时回家，他编了个理由，对父亲说：“现在日本放樱花假，日本朋友强拉我回来导游吴越名胜，实在盛情难却。”每天出去找林斯琛等人商量“选锋”的事，对父亲就说是做导游去了。林觉民是很孝顺的人，他心里感觉到此次广州起义，有可能凶多吉少，实在不忍心让父亲知道自己去广州冒险。

林觉民的妻子陈芳佩，字意映，福州闽县螺洲人，道光初期刑部尚书陈若霖的后人，与福建高等学堂的监督、内阁大臣陈宝琛同宗。其父陈元凯，号陶庵，光绪举人，清末广东候补知县，曾协助陈宝琛办理漳厦铁路。陈意映眉清目秀、温柔贤惠，幼年受到家庭环境的影响，爱好读书吟诗。陈、林两家都算是福州的大家族，文人辈出，平时也有些来往，例如林孝颖就曾在陈宝琛主持的福建高等学堂做教员，双方可以说是门当户对。

1905 年，在双方父亲林孝颖、陈元凯的安排下，林觉民和陈意映举办了婚礼。婚后住进了福州杨桥巷 17 号一座名为“双栖楼”的二层小楼，楼前种植些芭蕉、梅树，入门穿廊，环境雅致。这虽是一场安排的婚姻，但夫妻双方脾性相投，感情非常融洽，正如林觉民后来的回忆：“初婚三四月，适冬之望日前后，窗外疏梅筛月影，依稀掩映，吾与汝并肩携手，低低切切，何事不语，何情不诉？”对他们而言，这座小楼承载着他们幸福的小家庭，所以陈意映在和林觉民的通信中，都自称“双栖楼主”。

作为无话不谈的年轻夫妻，陈意映也慢慢知道了林觉民参加革命的事，她虽然了解不多，但也尽可能地帮助丈夫。林觉民到下渡十锦祠同盟会福建支部开会，她常在外望风。林觉民在家中办了女学，亲自讲授国文课，介绍欧美国家的政治制度，提倡男女平等，反对妇女缠足，协助堂嫂、弟媳、妻子等反礼教。陈意映经过一番思想斗争，解开了缠脚，并说服了公婆，让未经缠脚的胞妹林秀琼、林秀慧不再缠足，此举带动了家族中更多的年轻妇女放弃缠足。

陈意映还和林觉民一起，动员堂嫂、弟媳、堂姐妹等人入学读书，这些女子多考入刚成立的福州女子师范学堂，成为第一届毕业生。林家这几位年轻女子，受教育程度较高，同时又受到新思想的熏陶，关系比较亲密，常常一起读书学习。比如，她们都喜欢读《红楼梦》，曾聚集在一起分韵赋诗，以《红楼梦》人物为题，集成《〈红楼梦〉吟稿》抄本一册。她们的活动，林觉民有时也参与其中。

陈意映和林觉民在文学上的共鸣，更加深了他们的夫妻感情。

婚后不久，林觉民从厦门赴南洋未果，家人虚惊一场，陈意映对此颇为不乐，就对林觉民说：“今后夫君如果要出远门，一定要告诉我呀，我愿意随你一同前往。”林觉民感到妻子的爱意，答应以后出门必相告。婚后第二年即 1906 年，陈意映生了一个儿子，取名林依新。一家人和和美美，共享天伦之乐，这两年大概是林觉民最快意的时光。也许冥冥中感觉到从事革命工作的危险，有一次林觉民笑着对妻子说：“希望以后你比我先死。”妻子怒问，他婉转解释说：“如果我先死的话，你那么柔弱，一定承担不起失去我的痛苦。如果你先死，那悲痛就留给我一个人承担。”陈意映无法反驳，但毕竟新婚不久，她正沉浸在家庭生活的幸福中，她不喜欢林觉民轻言生死。

1907 年，林觉民赴日本留学。当时日本较为西化，不少中国留学生多有艳遇，但也有一批志存高远的留学生，包括林文、林觉民、陈与桑等，皆能坐怀不乱，决不涉足风月之场。林觉民在同学中号称情有独钟，“不二色”，每年暑假必回福州与夫人团聚。林觉民曾经对同学说：“我妻子的性格、爱好，和我完全一样，她是个天真烂漫的女子。”林觉民平时研读《离骚》与《庄子》，本就受到屈原、庄子守身自爱观念的影响，后来曾经手写一篇叫《原爱》的文章，论男女爱情的真谛，即唯有洁身自好的人，才懂得真正的爱情。读者读此文，莫不击节赞叹，有朋友给他写信称：“读你的大作《原爱》，理义公正，才情高绝，才知道文学家自有真性情。”对此文非常推重。

1911年春，林觉民突然回家，陈意映颇感惊喜，她虽不清楚细节，但也知道丈夫从事革命工作。期间，林觉民在福州西禅寺制好炸药，装进棺材，首先想到让妻子装扮成寡妇送去香港，他也知道，如果提出要求的话，陈意映一定会乐意相随。后来考虑到陈意映怀有身孕，怕有危险，扶棺的任务后来由方声洞的姐姐、同盟会成员方君瑛担任。林觉民在福州停留的10天，主要外出联络同志，夫妻相聚的时间很少。他想起几年前允诺过妻子，出远门前一定要跟她讲，为了不失信，他踌躇良久是否要告诉她去广州参加起义的事。但最后为了不让妻子担心，也为了她腹中的孩子，林觉民不得不再次食言了，直到临走都没明确告诉她此行的目的。

1911 年，林觉民满怀惆怅与不舍与亲人道别，他表面上强颜欢笑，以安抚狐疑的父亲和期盼他归来的妻子，只能将所有的痛楚埋藏在心里。可是静下来思考，经过几天的“选锋”，他也深知生离死别的何止他一人，那些跟随他一起行将赴死的人，哪个不是家里的支柱，哪个家里没有父母双亲要侍奉、妻子儿女要照顾，很多人家里的情况比林觉民家更困难。

当时参加广州起义的革命者，很多人都面临类似的家庭问题。例如当时刚 21 周岁的陈更新，结婚还不到 3 年，家中有弱妻幼子，他从炮术学校毕业后入广西桂林，投靠方声涛、何遂、耿毅等同盟会实权派骨干。1911 年春在桂林卧病期间，收到陈与燊的密电，知道革命党人即将在广州举事，因为不能参加而惆怅不已。后来病情稍微好转，李恢又从广东来迎接，于是他与李恢星夜乘船到广

州，船中他对李恢说："我结婚3年，内子不嫌弃我贫困，经常鼓励我立志。我们俩沽酒对酌，形影相依，这种快乐，不让古人。此行如果不幸，我内子如果膝下无子，必定以死相殉，但是现在儿子还在襁褓之中，即使有一死了之的想法也无法去做。我家庭贫困至极，可以说是无立锥之地，虽然有些亲戚朋友，但是人情淡薄，何况这种世道，更是无法依赖他们。唉，我死不足惜，只是孤儿寡妇，以后托付给谁？"说完神色惨然，眼泪扑簌地流了下来。李恢也觉得心酸，两人相对流泪。

很快，陈更新抹去眼泪，又重新振作起来了："大丈夫处世，应当视死如归，怎能如此瞻前顾后，像个孩子似的悲悲戚戚。只希望全国的同胞，都能因我的死而受到鼓励，那么神州大地必有光明之日！"两人一路上借酒浇愁。农历三月二十五日晚，陈更新与林文、林觉民、陈可钧、冯超骧诸人从香港入广州，听说林尹民、郑烈在次日到港，所以特意与林觉民返港来迎接。陈更新见到郑烈，握手说："一别7年，没想到临死还能见上一面，真是一大快事。"又笑着对林尹民说："听说你酒量很大，未逢对手。我酒量也不小，平生没醉过。起义成功后，我们直捣北京，到时跟你捧酒坛一决雌雄。”林尹民连连说好。

另一位烈士冯超骧亦然。冯超骧家里十分贫穷，母亲去世得早，父亲常年生病。穷人的孩子早当家，他作为家里唯一的男劳动力，不仅辛勤工作，挣钱养家，而且还对父亲特别孝顺。他的妻子也是深明大义之人，能够和冯超骧同甘共苦而没有怨言。冯家房子破旧得不蔽风雨，穿的衣服是破布败絮，吃的则是糠豆等杂粮，连填饱肚子都困难，有时甚至一整天都吃不上一顿饭。朋友们看到冯超骧生活困难，都替他发愁，而冯超骧却坦然不在意，每日与同志们言笑如常。林觉民回福建招募同志，劝说冯超骧同往广州。这时冯超骧犹豫了，他知道很多同志都联袂而至，他也迫不及待地想一块同去，但是他毕竟是家里唯一的劳动力了，其父病重，需要人照料，因此有婉拒之意。林觉民认为其情关父子，也就不再勉强他。但是后来冯超骧慨然起立说：“我决定了。国家的事，是公事；家事是私事。我敬爱父亲，虽然远超常人，但毕竟这时应放弃私事，从事公事。我宁愿背负不孝的罪名，也不能失去这千载难逢的机会，以至于最后沦为亡国奴。”冯超骧与父亲告别，父亲说：“儿子你只管去，为国努力，不要挂念我。”冯超骧低头哭泣不敢仰视。与妻子告别，妻子说：“你赶紧去，如果出现不幸，3 个月之后，如果还没有你的音信，我当投缳而死，追随你到地下。”冯超骧说：“你绝不可以这样做，家中上有年老多病的父亲，下有年幼的弟弟，我的死罪已经难以挽回，如果你也如此，那以后侍奉老人照顾弟弟的事，托付给谁？”夫妻俩抱头痛哭，告别而去。冯超骧走后不久，其父亲的病情恶化，很快去世了。冯超骧途中听到噩耗悲痛欲绝，吐血甚多，说：“父亲过世我也无法存世了，此去如果胜利，事成之后，当自刎向父亲谢罪。”从此之后不再哭泣。无论是为革命，还是为尽孝，其内心实际已将自己当成已死之人了。

经过几天的海上颠簸，诸位革命党人陆续抵达香港。林文早已在香港守候多时，为了鼓舞士气，林文对他们说：“之前的举义，战死的很多是老百姓，人们说我们革命党人贪生怕死，我着实觉得羞愧。这次愿意与诸位带着枪弹打前锋，让乡民们作为后备，即使未能成功，我们兄弟们葬在一块，也没有什么遗憾了。如果这次我们成功了，就兵分两路，让黄兴、赵声为司令，我们诸位率领乡民为前锋，就可以席卷天下，歼灭满清贵族，杀掉贪官污吏。远可以为汉人祖宗复仇，近可以为万民雪愤。但是我们只杀反抗的满洲贵族，不可杀害普通人。实现共和以后，神州恢复，到时不愁没有各路英雄、学者为国效力，那时我们就弃官远遁，在西湖畔结茅而居，领略风光；在深山幽谷中，诗酒谈笑，岂不快哉！”说完，大家欢声雷动，无不感动奋起。

举事在即，大家皆抱着必死之心，纷纷向家人、亲朋告别。农历三月二十三日晚，刚到香港的黄兴，就给好友梅培臣等人写了一封信，信中称：“培臣、源水、螺生、孝章、应章各兄明鉴：最近事情繁多，无暇与诸位通音信，实在是罪过。今天我将奔赴阵地，发誓将身先士卒，努力杀贼。这封信就当是我的绝笔书了。祝愿各位安好，弟黄兴顿首。”陈与燊就义前，也写有两封遗书，一为他在东京时寄给侯官小学老师黄翼云的信。原信描写生活细节，流露真情，笔锋锐利，书法雄健，浮现出一股不平凡的气概。此信藏于陈与燊的侄女陈人哲处，新中国成立后，由郑贞文转载于《辛亥革命与福建党人》一文中。

1911年农历三月二十六日晚，林觉民听说林尹民、郑烈等一群人，已经从东京抵达香港，所以又与陈更新一起，从广州返回香港做前导。当天夜里，远道而来的陈与燊、林尹民、李恢、郑烈同宿于滨江之楼，方声洞、刘元栋、明鉴诸人住在另外一处旅馆。到半夜，前来迎接的林觉民与陈更新才到滨江楼，谈完天，陈更新、郑烈等十分疲倦，就休息去了。林觉民想起父亲、弟妹、妻子、孩子，夜不能寐，于是挑灯草成绝笔书两封，解释自己当初不能坦诚相告的理由，并向家人道歉，向亲人作别。

林觉民对于绝笔书这种体裁的文章并不陌生。清末以来国内已经有若干流传颇广的绝笔书，例如谭嗣同在戊戌政变之际写给夫人李闰的绝笔信就是："闰妻如面：结缡十五年，原约相守以死，我今背盟矣！手写此信，我尚为世间一人；君看此信，我已成阴曹一鬼，死生契阔，亦复何言。惟念此身虽去，此情不渝，小我虽灭、大我常存。生生世世，同住莲花，如比迎陵毗迦同命鸟，比翼双飞，亦可互嘲。愿君视荣华如梦幻、视死辱为常事，无喜无悲，听其自然。我与殇儿，同在西方极乐世界相偕待君，他年重逢，再聚团圆。殇儿与我，灵魂不远、与君魂梦相依，望君遣怀。”此信论述了自己舍“小我”从“大我”的追求，借助佛教的教义，希望来世在西方极乐相见。林觉民的书信从语言、思想等方面看，应该受到了谭嗣同文风的影响。此外，侯官高小的创办者林白水，曾在1908年出版过《军国民教育读本》，重视培养军人爱国尚武的精神，其“乙编”收录诸如《军人家禀》之类的书信格式，以备军人不测之时可以写信告知亲人。林觉民与其他烈士应该也受到这类文体的影响，所以在战前多留绝笔书给家人。

当年在日本读书时，留学生们举办陈天听跳海自杀的追悼会，林觉民就代笔了陈天听的绝笔书，所以他早已设身处地地想象到了与世诀别的情景。

但夜深人静，生活的点点滴滴不断涌上心间，仍不觉泪流满面。他找出一个英文练习本，先写了一封简短的信给父亲林孝颖，称：

不孝儿觉民叩禀：父亲大人，儿死矣，惟累大人吃苦，弟妹缺衣食耳。然大有补于全国同胞也。大罪乞恕之。

为革命牺牲，则不能尽家庭责任，尤其是不能尽孝，所以他自称是“大罪”。这封信寥寥数语，简洁而有力，平和而坚决，体现了林觉民对自己选择的道路的自信。

接着他找出一方白绢，又写了一封长信给妻子陈意映：

意映卿卿如晤：吾今以此书与汝永别矣！吾作此书时，尚是世中一人；汝看此书时，吾已成为阴间一鬼。吾作此书，泪珠和笔墨齐下，不能竟书而欲搁笔，又恐汝不察吾衷，谓吾忍舍汝而死，谓吾不知汝之不欲死也，故遂忍悲为汝言之。

吾至爱汝，即此爱汝一念，使吾勇于就死也。吾自遇汝以来，常愿天下有情人都成眷属；然遍地腥云，满街狼犬，称心快意，几家能彀？司马春衫，吾不能学太上之忘情也。语云：仁者“老吾老，以及人之老；幼吾幼，以及人之幼”。吾充吾爱汝之心，助天下人爱其所爱，所以敢先汝而死，不顾汝也。汝体吾此心，于啼泣之余，亦以天下人为念，当亦乐牺牲吾身与汝身之福利，为天下人谋永福也。汝其勿悲！

汝忆否？四五年前某夕，吾尝语曰：“与使吾先死也，无宁汝先吾而死。”汝初闻言而怒，后经吾婉解，虽不谓吾言为是，而亦无词相答。吾之意盖谓以汝之弱，必不能禁失吾之悲，吾先死留苦与汝，吾心不忍，故宁请汝先死，吾担悲也。嗟夫！谁知吾卒先汝而死乎？吾真真不能忘汝也！回忆后街之屋，入门穿廊，过前后厅，又三四折，有小厅，厅旁一室，为吾与汝双栖之所。初婚三四月，适冬之望日前后，窗外疏梅筛月影，依稀掩映；吾与（汝）并肩携手，低低切切，何事不语？何情不诉？及今思之，空余泪痕。又回忆六七年前，吾之逃家复归也，汝泣告我："望今后有远行，必以告妾，妾愿随君行。"吾亦既许汝矣。前十余日回家，即欲乘便以此行之事语汝，及与汝相对，又不能启口，且以汝之有身也，更恐不胜悲，故惟日日呼酒买醉。嗟夫！当时余心之悲，盖不能以寸管形容之。

吾诚愿与汝相守以死，第以今日事势观之，天灾可以死，盗贼可以死，瓜分之日可以死，奸官污吏虐民可以死，吾辈处今日之中国，国中无地无时不可以死，到那时使吾眼睁睁看汝死，或使汝眼睁睁看我死，吾能之乎？抑汝能之乎？即可不死，而离散不相见，徒使两地眼成穿而骨化石，试问古来几曾见破镜能重圆？则较死为苦也，将奈之何？今日吾与汝幸双健。天下人之不当死而死与不愿离而离者，不可数计，钟情如我辈者，能忍之乎？此吾所以敢率性就死不顾汝也。吾今死无余憾，国事成不成自有同志者在。依新已五岁，转眼成人，汝其善抚之，使之肖我。汝腹中之物，吾疑其女也，女必像汝，吾心甚慰。或又是男，则亦教其以父志为志，则我死后尚有二意洞在也。甚幸，甚幸！吾家后日当甚贫，贫无所苦，清静过日而已。

吾今与汝无言矣。吾居九泉之下遥闻汝哭声，当哭相和也。吾平日不信有鬼，今则又望其真有。今人又言心电感应有道，吾亦望其言是实，则吾之死，吾灵尚依依傍汝也，汝不必以无侣悲。

吾平生未尝以吾所志语汝，是吾不是处；然语之，又恐汝日日为吾担忧。吾牺牲百死而不辞，而使汝担忧，的的非吾所忍。吾爱汝至，所以为汝谋者惟恐未尽。汝幸而偶我，又何不幸而生今日之中国！吾幸而得汝，又何不幸而生今日之中国！卒不忍独善其身。嗟夫！巾短情长，所未尽者，尚有万千，汝可以模拟得之。吾今不能见汝矣！汝不能舍吾，其时时于梦中得我乎！一恸！

辛未三月念六夜四鼓，意洞手书。家中诸母皆通文，有不解处，望请其指教，当尽吾意为幸。

这封流着泪写就的信饱含着林觉民对妻子的浓浓爱意与眷恋，字里行间流露着难以割舍的感情与肝肠寸断的痛苦。但是，这一切的不幸，都是因为他们生活在一个苦难的国家，这个国家有千千万万像他们一样的爱人，相爱而不能相守，所以推己及人，为了“助天下人爱其所爱”，“为天下人谋永福”，林觉民选择了牺牲自己和爱人。他把家庭幸福和国家前途结合起来，把对妻子的爱与对国家人民的爱融合在一起，阐述一个深刻的道理：没有国家的自由富强和人民的幸福安康，就不会有个人的真正幸福。当家国不能两全时，他果断地舍弃“小我”而成就“大我”，无疑是对戊戌变法以来革命党人爱国精神的有力诠释。

两封绝笔书直到凌晨两三点钟才完成，写完再用布包好，第二天即农历三月二十七日一大早带给一位朋友，对他说：“我死后，烦请帮我转给家人。”处理完家庭问题，他好像交代了“后事”一样，了无牵挂，可以从容奔赴战场了。当天，林觉民就带领林尹民、李恢、郑烈等一行人，继续往广州进发。整理一夜思绪，林觉民思想更为坚定了，他更加相信革命党人勇于牺牲亲情爱情，慷慨赴死，一定可以警醒麻木的国人，从而鼓励更多的人奋起抗争。船中，林觉民与郑烈住在一个房间，低声对郑烈说：

此举若败，死者必多，定能感动同胞。今日同胞，非不知革命为救国惟一之手段，不可一日缓，特畏首畏尾，未能断绝家庭情爱耳。尽试以余论，家非有龙钟老父、庶母、幼弟、少妇、稚儿者耶？顾肯从容就死，心之摧割，肠之寸断，木石有知，亦当为我坠泪，况人耶？推之诸君家族情况，莫不类此，甚且身死而父母兄弟妻子不免冻馁者亦有之。故谓吾辈死而同胞尚不醒者，吾决不信也！嗟乎！使吾同胞一旦尽奋而起，克复神州，重兴祖国，则吾辈虽死之日，犹生之年也，宁有憾哉，宁有憾哉！

这一段语气坚定的告白，令郑烈印象深刻，他在广州起义的当年给林觉民写的传记中，就记载了这一段话。一年后，在南京举行的黄花岗之役一周年纪念会上，黄兴发表演讲，再次转述了这段话。这些斩钉截铁的话，对于鼓舞士气、坚定大家的信心有很重要的作用。

在广州起义前，革命党人无不经过这种精神升华，因为当时达到这种思想觉悟的，并非林觉民一人，而是烈士们的集体写照。上文提到的黄兴、陈更新、冯超骧莫不如此，另外，三月二十七日晚，方声洞在香港给侄子方和生写了一封绝笔书，鼓励他要承担起报效国家、照顾家人的“无穷之责任”。起义前一天即农历三月二十八日夜，方声洞在广州也曾给他的父亲、妻子各写了一封绝笔书，其中写给其妻子王颖的一封遗书，新中国成立后刊登在民革中央《团结报》上，信中“吾本愿与卿相守而死”一段，与“吾此行不直告汝者”一段，与林觉民的《与妻书》词句较为相似。他们两人交谊甚深，境遇也同，且前几天一直都住在一起，所以方声洞应该看过或听过林觉民的绝笔书，偶尔也借鉴了好友的文句，所以至今读之，亦哀婉动人。我们从方声洞的绝笔书中，也能一窥革命党人的精神境界。下面是方声洞的《禀父书》原文：

父亲大人膝下，跪禀者，此为儿最后亲笔之禀，此禀果到家者，则儿已不在人世者久矣。儿死不足惜，第此次之事，未曾禀告大人，实为大罪，故临死特将其就死之原因，为大人陈之。窃自满洲入关以来，凌虐我汉人，无所不至。迄於今日，外患逼迫，瓜分之祸，已在目前，满洲政府犹不愿实心改良政治，以图强盛；仅以预备立宪之空名，炫惑内外之观听，必欲断送汉人之土地于外人，然后始大快于其心。是以满政府一日不去，中国一日不免于危亡。故欲保全国土，必自驱满始，此固人人所共知也。儿蓄此志已久，只以时机未至，故隐忍未发。迩者与海内外诸同志共谋起义，以扑满政府，以救祖国。祖国之存亡，在此一举。事败则中国不免于亡，四万万人皆死，不特儿一人；如事成则四万万人皆生，儿虽死亦乐也。只以大人爱儿切，故临死不敢不为禀告。但望大人以国事为心，勿伤儿之死，则幸甚矣。夫男儿在世，不能建功立业以强祖国，使同胞享幸福，奋斗而死，亦大乐也；且为祖国而死，亦义所应尔也。儿刻已廿有六岁矣，对于家庭本有应尽之责任，只以国家不能保，则身家亦不能保，即为身家计，亦不得不于死中求生也。儿今日竭力驱满，尽国家之责任者，亦即所谓保卫身家也。他日革命成功，我家之人皆为中华新国民，而子孙万世亦可以长保无虞，则儿虽死亦瞑目于地下矣。惟从此以往，一切家事均不能为大人分忧，甚为抱憾。幸有涛兄及诸孙在，则儿或可稍安于地下也。惟祈大人得信后，切不可过于伤心，以碍福体，则儿罪更大矣。幸谅之。兹附上致颖媳信一通，俟其到汉时面交。并祈得书时即遣人赴日本接其归国。因彼一人在东，无人照料，种种不妥也。如能早归，以尽子媳之职，或能稍轻儿不孝之罪。临死不尽所言，惟祈大人善保玉体，以慰儿于地下。旭孙将来长成，乞善导其爱国之精神，以为将来报仇也。临书不胜企祷之至。敬请万福钧安。儿声洞赴义前一日，禀于广州。

家中诸大人及诸兄弟姊妹、诸嫂、诸侄儿女、诸亲戚，统此告别。

信中称“对于家庭本有应尽之责任，只以国家不能保，则身家亦不能保，即为身家计，亦不得不于死中求生也”“尽国家之责任者，亦即所谓保卫身家也”，论述的也是没有“大家”就没有“小家”、不能保国家就不能保身家的道理。为了保国家，可以牺牲身家，他在信中说，“事成则四万万人皆生，儿虽死亦乐也”，而在给他的侄子方和生的信中，也说道：“此举如能成功，则吾虽死，亦瞑目于地下。”为了全国人民的幸福而勇于自我牺牲，就这一点而言，方声洞与林觉民及其他革命党人是完全一致的。

04 广州：壮烈许国的黄花之魂

起义前几天，参与的革命者陆续抵达广州。农历三月二十五日晚，林觉民与林文、陈可钧、陈更新、冯超骧诸人先到广州。二十六日晚，林觉民再次返回香港，二十七日导引林尹民、李恢、郑烈等人入广州。由于后续有吴适和曾守辉、黄忠炳等光复会的同仁也乘轮船到达香港，所以林觉民又于二十七日晚再次返回香港担任向导，并于二十九日晨，与方声洞、陈与燊、冯超骧、刘元栋、刘锋、吴适、陈更新等全部的福建革命党人一起进入广州。行至双门底，遇见陈可钧前来迎接。因恐人多，容易暴露，所以一部分人由陈可钧先行带去，到小东营林文处集合。不久，林觉民也率其余革命党人进入广州，与林文等在城内会合。

革命党人这几天的活动，官府并非完全不知道。自从上年的倪映典事件与十几天前革命党人温生才刺杀广州将军孚琦后，官府加强了戒备。革命党陆续进出广州，官府听到风声，派出间谍四处打探党人活动。革命党在租界的 9 处放火地点被迫撤出了 5 处，与此同时，南洋也走漏了风声，部分保皇党到广州告密。所以对于革命党的举动，总督张鸣岐、水师提督李准等早已有了因应之策。李准调回部分巡防营，驻守龙王庙高地。而且革命党得到巡警内部消息，警察随时要盘查户口，这更加重了革命党人的疑虑与担忧。

在起事的紧要关头，革命党内部发生了意见分歧。有人主张退却，有人主张改期，有人主张取消，以免敌人搜捕，白白损失力量。黄兴见情况如此，只得同意部分党人退回香港，但他也知道改期无异于解散，于是决心自己留下，准备日后暗杀李准，以答谢慷慨解囊、支持革命的海外同胞。

福建籍革命党人普遍反对改期，例如此次起义中在编辑课任课员的林觉民认为，如果草率撤退，

则会失信于全力支持革命的海外华侨和国内同胞，他说：“论家庭情况，我上有父母，下有弟妹，妻怀八月身孕。但革命前赴后继，总得有人牺牲，断无退却之理！”同样为编辑课课员的陈与燊也激昂地说：“战是死，不战也是死，天下难道有不战而死、束手就擒的壮士吗？”由于大家求战心切，福建党人的领袖林文与四川党人的领袖喻培伦等到黄兴的住所，主张不仅不能改期，而且必须速速举义，才可能有一线生机。黄兴素来信任两人，于是同意按计划起义。

黄兴的这个决定当时也得到了负责联络新军的姚雨平、陈炯明的支持。姚雨平素来积极在新军中发展势力，此次起义，黄兴负总责，姚雨平负责调度处，联络各处军队。陈炯明则负责编辑课，拟定制度及秘书工作。他们两人本来是主张起义改期或缓期的，农历三月二十八日，他们却来向黄兴报告，称水师提督李准调到顺德的3个巡防营，大多是革命党人，尤其10个哨官中有8个是党人，另外还有1人中立。而且这支革命部队已从顺德返回，目前已在码头船上，起义机会绝佳。黄兴后来判断新军中有人存心欺骗姚雨平，故意放出这个假消息误导革命党人，但在当时，他们受到这条消息的鼓舞，于是二十八日晚，黄兴通知胡汉民，让滞留香港的所有党员次日全部到广州，准备二十九日下午举义。

黄兴根据变化的敌情和革命党人的准备情况，临时决定将“选锋”队员分为四路：黄兴率领革命党攻打两广总督府；姚雨平率部攻打小北门，占飞来庙，并引导防营和新军进城；陈炯明率部攻督练公所；负责购置运输武器的胡毅生则率二十几位革命党把守大南门。

由于起义前的组织情况过于混乱，这个兵分四路的计划并未实现。一方面，香港有党人300多，二十九日早上船少，而且如果太多剃发的党人乘坐，容易被认出，于是香港方面申请大部分乘坐二十九日夜间船到广州，与此同时，申请延缓一天起义。因此当他们二十九日夜间到达的时候，发现根本无法进城。另一方面，已安排好的四路部队，除了黄兴自己率领攻打总督府的一支，其余3支队伍皆没有出现。在小北门方面，姚雨平称其队伍有枪无弹，不肯出动，曾经信誓旦旦称防营必定可以策反，实际上并没有发生。在大南门方面，原本把守大南门的胡毅生部有百余人，到二十七日听说改期，擅自将部众遣返，后来知道二十九日确定起义，又匆忙调拨陈炯明等 20 人守大南门。二十九日下午 3 点，起义即将开始，陈炯明却告诉胡毅生起义改期到三十日，于是胡毅生又另择人负责把守大南门，此人未至而战斗已结束。在进攻督练公所方面，陈炯明以 20 人被抽往守大南门为理由，擅自放弃了原来安排的进攻督练公所的任务，宣称以全众守大南门，以至于最后徘徊于城外而没有参加战斗。

黄兴无法掌握这些瞬息万变的情况，他还是按照原计划起事。这时已经是二十九日下午 3 点多了，革命党人赶紧吃饭，做最后的准备。发难以前，“选锋”队员们每人一颗象牙印章，一个黑铁夜光表作守时用，“选锋”队员每人另外领一块银元，作为紧急应用。为了辨别敌我，起义军臂上缠上白巾，脚穿黑胶鞋，吹螺角当号角。下午 4 点多，黄兴让大家聚拢过来，先鼓励大家此刻必须勇往直前，不要顾虑其他任何事情，即“置之死地而后生”的道理。接着又发给每位同志一个大饼，一条毛巾，以及一些枪械、炸弹、炸药等。

黄兴率领的同志是四川、福建、广东花县、南洋华侨的党员，出发时分成两部分：一部从莲塘街吴公馆出发，共 30 多人；一部从小东营出发，大约 130 人，方声洞、林觉民、林文等福建革命党都在这一部，其中又分为两队，一队由林文率领，攻打督署卫队，一队由何克夫率领，攻打督署正门。

5 点 30 分，黄兴、林文带领着百余人的革命党队伍从小东营出发。林文左手拿号筒，右手拿手枪，号令队伍，作为前导。林尹民、刘元栋武功卓绝，胆识过人，所以作为军锋列在最前面；吴适、冯超骧年长而沉着，所以执刀在后面督队；林觉民、陈与桑、陈可钧等人皆为温文尔雅之士，所以在中间。后来有旁观者回忆说：“当日党人起义，举动文明，甚有纪律，不扰商民。”队伍中有的持刀，有的持手枪或炸弹，有的两人扛着炸弹，林觉民则怀揣炸弹，拿着手枪，跟着大部队前进。队伍

醫
香粉
雜貨
源集發
豐綢莊
菜樓

浩浩荡荡地向总督府进发，路上几个挡道的巡警，都被击毙了，其余的警察四散奔逃。根据后来《东方杂志》的记载：“此次广州乱党，以数十人攻扑督署，军械锐利，气势凶勇，殊为近年来所罕见。”

到了总督府门口，卫队端枪喝阻，方声洞大叫：“我们是替中国人扬眉吐气的，你们也是中国人。我们一齐攻下总督府，捉拿张鸣岐。”卫队不从，管带金振邦带领几十个兵勇在大门内迎战，陈更新瞄准金振邦将其击毙，兵勇溃散。革命党人进了总督府，冲入二门，大厅两旁卫队利用廊柱掩护，企图阻止革命军，林尹民、黄兴接连射杀几人，方声洞高声呼喊清兵投降，于是这些兵勇也都溃散了。有些卫队士兵弃枪投降，担任向导，带领革命党在总督府搜罗。陈可钧、陈更新跃到楼上观察，其他同志也都四处搜寻，就是找不到总督张鸣岐。原来张鸣岐听到起义军即将攻打总督署的消息，丢下老父妻妾，翻墙越屋，逃至水师公所躲避，并正在谋划反扑。找不到张鸣岐，甚至文件书籍也找不到，于是陈更新就找来些报纸，散放四处，敲碎洋灯，洒上煤油，点燃了总督府。

黄兴率众冲出总督府，向督练公所杀去。岂料水师提督李准早已有所准备，安排了许多步枪手、弓箭手将总督府团团围住。革命党人刚冲到门口，一时乱箭齐发，党人有的被冲散，有的被擒获。刘元栋大喊猛扑，头部中了枪，血流满面，奄奄一息。吴适等人见他尚未绝气，就要背着他离开阵地，刘元栋动了动手指头，意思是："大事未了，你们快走，不用顾着我了。"冯超骧持枪左右扫射时，身中10多箭而不倒，后来面部中箭而死。陈与燊左眼中箭，血流如注，身上也中了箭，他忍痛爬起来又战。方声洞解下臂布给他草草包扎一下，继续左冲右突。同行的陈可钧也身中数箭，衣服浸满了鲜血。陈更新眼明手快，虽斩杀敌军多人，他自己却只是受了点轻伤，他转眼看见身边的陈与燊、林觉民等人，就招呼着一起冲杀了出去。

部分起义军冲出了重围，辗转到了东辕门，又遇到水师提督李准的先锋队前来迎战，林文想起赵声说过李准部队有革命党，于是挺身向前喊道："同胞们，同胞们！大家都是汉人！我们应该齐心合力，驱逐异族，光复汉人江山！大家不能自相残杀！”话未完，头部中枪，头骨破碎，脑浆迸裂，壮烈牺牲了。

天色渐黑，李准的部队越来越多，将起义军困住围攻。黄兴自己右手的两根手指也差点断掉，但是尚能指挥，他眼看死伤惨重，情势危急，就果断重新部署，将众人分成3路，一路继续去攻督练公所，一路出小北门和新军接应，他自己则率领方声洞等10人出大南门，计划跟防营接应。众人且战且走，黄兴、方声洞等人到了双门底，看见防营迎面而来，不料因为他们胳膊上没缠白布，而且举枪相向，方声洞误以为是敌军，就急忙拔出手枪，将防营哨官温带雄击毙。温带雄原是最热心的革命党人之一，此时被误杀，是本次起义中最严重的失误之一。方声洞率部随后又击毙20多人，他自己也背部中刀，胸口中枪，力战而死。黄兴这路全部战死，他环顾四周，不见一个部下，只好用肩膀撞入路边一家洋货店，从内向外还击，击毙七八人，后防营传呼要去保护提督署而撤走，黄兴趁机改换衣服后从大南门逃出。

攻打督练公所的一路主要由四川、福建、海

防、南洋等处的70余名革命党人组成，他们到莲塘街与喻培伦、莫纪彭等会合，半路遇到防勇，于是绕路进攻龙王庙。有党人抛掷炸弹，防勇一度溃散，但最终由于缺乏后援，纷纷败退。在这场战斗中，林觉民腰上中弹，扑倒在地，鲜血顺着大腿流下来。他忍着痛爬起来，又杀敌若干，多次受到创伤，浑身鲜血。

革命党人在清兵围攻中，纷纷避向街边店铺。队伍散乱之后，只能各自为战。整整一夜，革命党与搜捕的清军继续战斗，非死即伤。战斗到次日清晨，海防的革命党数人躲入一家米店，用米袋子做堡垒，抛掷炸弹，防营不敢靠近，总督张鸣岐于是下令烧街，火势熊熊，街民四散奔逃，林觉民、陈可钧、陈更新、陈与燊、喻培伦等人暴露在街道，被重重包围，大家拼尽最后一丝力气抵抗，无奈寡不敌众，最终还是被捕了。

起义被镇压时，总督张鸣岐下令关闭城门，严搜革命党。又认为党人多藏匿民间，于是封锁所有的水陆道路。下令来往港澳的轮船统统汇集到白鹅潭，经过检查后才能放行；三水、广九线路的火车也都停开。有些革命党人变装易服或投靠熟人而脱险，有些本已脱险的革命党被捕于车站，有些则被捕于郊外。清军全城捉拿无发辫的人，所以株连颇广，有些革命党人虽未参加战斗，也被逮捕。根据同盟会的统计，一共有31人被捕，而清廷的电报则称逮捕43人。

被逮捕的革命党人，审讯时都是面无惧容，痛论时事，主张排满革命，慷慨陈词；就义时也都能傲然挺立，不卑不亢。农历四月初一，陈可钧临刑前，有狱吏嘲笑他是“白面书生”送死，他高声指陈革命的意义，怒斥狱吏的冷血与无知，死前言笑自若，毫无惧怕的表情。农历四月初三那天，陈与燊临刑前，拒绝下跪，他脸色平淡，索要一支笔，最后一次写了自己的名字，然后慷慨就义。陈更新在受刑前，狱吏问他如此年轻何故造反，他大声说:“我们起义是为了警醒同胞，杀身成仁是圣人明训，你们这群鼠辈怎么能懂！”他仰天大笑，旁若无人，旁观者议论纷纷，有的窃窃私语说:“这个儿郎颜如玉，腹如铁，真是奇男子。”观者莫不流泪惋惜。总督张鸣岐与提督李准虽然是迫害革命党的刽子手，但看到一个个年轻的革命党人视死如归的气概，也都默然叹息。

林觉民受审时同样不卑不亢。1911 年 4 月 11 日广州报载捕获一剪发西装之美少年，指的就是林觉民。根据报纸刊载的消息，林觉民在水师提督衙门受审，审讯时用英语来回答。报纸解释说林觉民是福建腔，国语水平不行，所以只好用英语回答，因此问供不甚了了。实际上，这纯是臆测之误。林觉民的国语娴熟，毫无福建腔，但是由于审讯的委员多是广东人，恐怕不能全部明白国语，难以晓谕，因此才用英语询问审讯员是否听得懂英语。委员们心里都很佩服，皆侧耳倾听。

审讯员问："你是不是孙文党羽？"林觉民怒斥："我堂堂男子，岂肯阿附个人？孙文虽然是我党领袖，但数年一改选，取决于他是否称职。总理的黜陟之权，操之于大众，绝不是万世不易的。我参加起义，是我自己的意愿，岂能把我视为个人的党羽？"

不一会儿，总督张鸣岐与水师提督李准亲自出庭审问。林觉民纵论世界大势与各国时事，官员们

心里暗暗佩服。一开始，林觉民是戴着镣铐，坐在地上的，此时则被打开镣铐，且被允许坐到凳子上。官员们给林觉民准备好了笔墨，令其写供词。林觉民奋笔疾书，很快写完了两页纸，洋洋洒洒数百字。写到激烈之处，以手捶胸，好像不忍写下去一样。写完一张纸，水师提督李准就呈给总督张鸣岐阅览。

差不多写完两页纸之时，林觉民忽然停顿了下来。这两天，他因身受重伤，极度虚弱，经过提堂审讯和一番激烈陈词，他感到内心翻滚，似乎要吐了出来。由于他受到的教育，是讲究文明、礼节和整洁的，他恐怕弄脏了地面，所以忍住没吐。提督李准见此情景，亲自拿来痰盂，林觉民才吐了出来。李准给他递来了茶和大烟，让他先休息一下，林觉民还起身鞠躬为礼节。休息完毕，他又继续在堂上演说，讲到时局悲观之处捶胸顿足。他劝说清朝官吏洗心革面，团结汉人，革除清政府暴政，建立共和，把中国建设成为富强的国家。

清朝官员面面相觑，无言以对。作为朝廷命官，即便为林觉民的陈词所动，也无法表现出来，更不会因此而放过林觉民。林觉民被关押数日，拒绝进食，清朝官吏百般刑求，把他打得体无完肤，让他交代革命组织的详情。林觉民除劝导他们革命外，对组织只字未提。到了行刑的当天，他面不改色，一举一动与平时无异。临就义时，他大笑说:“我今日就要登仙了！”于是引颈就戮，时年24岁。

革命党人的死，对家人而言不啻毁灭性的打击。一方面因为他们是家里的顶梁柱，上有老，下有小，死后家人无人照料，例如刘元栋，家里守寡的媳妇、寡嫂、寡婶再无人照料了；方声洞死后，留下寡妻和两个幼子。另一方面，也因为他们被抓，官府搜查，家人必然受到连累，多数是匆忙搬家躲避。所以烈士们在被捕的时候，为了不连累家人，有的人用了假名，例如陈更新被捕时，就假称自己叫陈志；吴适在郊外被捕时，也谎称自己姓张，来广州走访亲友的。如果说有什么让被捕的革命党人放心不下的，那就是他们的家人。

林觉民被捕时，其岳父陈元凯正在广东任候补知县，他打听到朝廷将会株连党人亲属，于是派人连夜赶回福州，送信给女儿，让他们速速躲避。林觉民的父母妻儿一家 7 口赶在官方搜捕公文到达前逃匿了。当时，陈意映挺着大肚子待产，连夜回文儒坊大光里娘家暂住，而林孝颖则慌忙变卖祖宅。不久，一家人匆忙搬到不远处的光禄坊早题巷，租住在一幢偏僻、破败的小房子中。他们每日惴惴不安，不仅担心自己的遭遇，而且更担心林觉民的安危。

林家躲避到早题巷内的破屋后，林觉民的朋友曾悄悄来看望他们，并带来一些关于林觉民的消息。一天，林觉民的继母打扫卫生时，在门槛缝里看到一团东西，打开发现是两封信，即是林觉民的友人偷偷送达的。陈意映打开来看，正是林觉民在香港滨江楼上写下的两封绝笔书。她打开了写在方巾上的《与妻书》，看到熟悉的字迹："意映卿卿如晤：吾今以此书与汝永别矣！吾作此书时，尚为世中一人；汝看此书时，吾已成为阴间一鬼"，觉得如同五雷轰顶，数次昏死过去，她最担心的事发生了。她想一死了之，追随林觉民到地下，但转念一想，家里上有年迈的公婆，下有年仅 5 岁的儿子林依新，以及腹中未出世的孩子，所以不得不忍住悲痛，勉强活下去。

一个多月后，悲伤过度的陈意映早产，生下了遗腹子林仲新。为了给她更多慰藉，林家还把林觉民哥哥的一个 3 岁的女儿林暖苏过继给陈意映。但是，陈意映一直没有走出失去丈夫的悲伤，再加上生活变得艰难，两年后陈意映就郁郁而终，撇下 3 个幼小的孩子。又过了两年，陈意映的长子林依新也不幸夭折，幼子林仲新则跟着祖父母一起生活，后来受到民国政府的救济和资助，这是后话。

起义失败后，清政府只顾调动军队，大肆搜捕革命党人，对遗骸收殓全不过问。烈士遗骸从广州越秀山麓至双门底的街道上丢得到处都是。直至四月初三枪毙完被捕的革命党后，清政府才通知广州各善堂收尸，于是各善堂派验尸的仵工把烈士遗骸运送到东门外咨议局前的旷地上。经过讨论，各善堂先是准备葬于狗头山，后又葬于收集死囚尸体的臭岗，臭岗是一个巨窟，上掩浮土，臭气弥漫，路人掩鼻而行。

当时广州的潘达微尚未暴露革命党人的身份，

他听说烈士们的遗体受到如此对待，心里十分难过，决定要将他们好好安葬。一开始，清政府为搜捕革命党人而将城门紧闭，四月初三，城门开启，潘达微以《平民报》记者身份入城侦察，看到烈士遗骸惨状，心中如焚。抽身前往其父创办的广仁善堂，并请求在政坛有影响力的世交江孔殷，请其致电其他各善堂，一起将烈士们妥善安葬。广仁善堂的善董们表示本堂在沙河马路旁，毗连三望岗有片青草白地，名叫“红花岗”，也算是一片净土，愿将其拨作埋葬义士的墓地，并允诺由该堂负责买棺材殓葬等事。除了求助于善堂，潘达微还四处借钱，并典当了天河棠下的祖屋，换些现金作为埋葬烈士们的部分开支，这才把烈士们埋葬到红花岗，后改称“黄花岗”。

这次起义失败是多方面原因造成的。一是缺乏集中领导，起义虽然有统筹、调度、后勤等各个部门负责，但皆属临时拼凑起来的领导机构，决策无法贯彻，许多部门的重要骨干在起义即将爆发的紧急关头，仍然我行我素，各行其是，造成黄兴孤军奋战的局面。二是革命党人没有集中调度的常备武装，早期以同盟会员暗杀行动为主，遇到起义则临时从各省甚至海外仓促征集人员，甚至将希望寄托在策反敌军上，军队的变数太多。三是计划不周密，起义之前消息就已走漏，致使清军早有准备，而革命党方面则一再改期，遇到计划调整则左支右绌，人员、武器、后勤等各项准备工作始终无法完全到位。四是起义没有取得广大人民群众的支持，它只是少数革命党人的军事冒险；它过于依赖海外的后勤供给与决策，而没有在中国境内形成类似根据地的后勤供给，所以一旦受挫，无法及时恢复力量和开展持久斗争。这些因素，决定了起义失败的必然命运。

起义失败后，革命党人为了替死难的烈士复仇，将矛头对准了水师提督李准。党人陈敬岳、林冠慈愿意承担暗杀的任务。经过侦察，他们得知李准每日必定在午后一两点钟从水师公所入城，于是决定让林冠慈在城内埋伏，陈敬岳于城外埋伏。1911 年闰六月十九日，等到李准的轿子到了双门底，守候此处的林冠慈向轿子投掷炸弹，伤到李的腰部。林冠慈当场被枪杀，闻讯赶来的陈敬岳也被拘留并杀害。后来谋划暗杀张鸣岐未果，黄兴等人又暗杀了新任广州将军的凤山，当时已是武昌起义之后了。

广州起义失败的消息传到福州，同盟会的同仁都愤恨不已，他们明白了成立革命军队的迫切性，于是加紧联络新军，在军中发展势力。1911 年 6 月，福州成立了军警特别同盟会，并在福州城内某军官宅内召开成立大会，推举彭寿松做会长。此外，全国各地的革命团体也在纷纷加紧策动军队参加起义，1911 年 10 月，武昌新军就爆发了大起义。可以说，广州起义虽然失败了，但烈士们以他们的热血，激发了革命党人武装推翻清政府的决心，唤醒了蛰伏的人心。而残酷镇压他们的清政府犹如破旧的老房子，很快在革命浪潮的不断冲击下，土崩瓦解了。

05 永生：在缅怀中前行

广州起义之后，幸存的同盟会同仁陆续为烈士们立传，以纪念他们的贡献。1911 年夏，曾经一起参加广州起义的郑烈，先后在上海的报纸上发表各烈士的事迹，让更多的民众得以了解革命党的为人。郑烈自己与烈士们的交往，基本上局限于日本留学时期，所以对烈士早年的生活并不太了解。自从发表烈士们的传记后，他又陆续搜集到其他人写的烈士传记，并收到烈士老家知情者寄来的情况介绍。郑烈本打算将这些资料搜集起来，整理成专书出版，但是公务繁忙，只好取旧稿略加补正，在 1911 年仓促付印，但印刷的质量很差，且无烈士照片。1912 年，趁在东京游历之机，他又搜罗了烈士们的遗像、遗著等，再次详加修订，5月初，这本书以《黄花岗福建十杰纪实》为名重刊出版，此书以其出版时间之早、资料来源之可靠，成为后来学者研究广州起义与烈士生平的第一手文献。

1911年农历八月，也就是起义之后的4个月，有个笔名叫“攘夷子”的同盟会成员，出版了一本名为《伊人宛在》的小册子，专门纪念25名福建籍的黄花岗烈士。书中称：“非铁血购不得真自由，非铁血脱不得奴隶籍，非铁血摧不得虏政府，非铁血雪不得吾祖宗之耻辱。”如果为了救同胞而视死如归、毫无恐惧，那就是成仁取义。他为了让更多人能够瞻仰烈士的风采，于是搜集了诸人的照片，并在每幅照片下面，写上一两句话的按语。其中关于林觉民照片的按语是：“林意洞：烈士字觉民，福州闽县人。年二十四，人称其为美少年。当李准提讯时，在堂上大演说者也。”这里有不准确之处，例如林觉民，应该字意洞，侯官县人。《伊人宛在》中的描述应该转述的是当时报刊的记载，所以特别突出了他在受审时的演说。《伊人宛在》的出版，说明黄花岗烈士已然成为革命党人和群众的精神激励。

1911年10月武昌起义爆发，推翻了清朝统治。1912年1月1日，中华民国成立，压抑很久的对烈士的公开悼念成为可能。1912年2月初，林觉民的父亲林孝颖在福州《共和》报上刊登了一则追悼会启事，这则“告白”称：“亡儿觉民在日，交好甚多，姓氏里居，穗有不能详悉者。本届新历二月十一日（旧历十二月念四日）假白塔寺发丧。除具帖谨白告外，另外登揭报端，俾获周知，庶逸遗漏。林拾穗谨白。”林孝颖亲自为儿子书挽联一副：“汤武非圣人，千古相传谬论；彭殇同一视，而翁何爱残年。”黄花岗之役与革命的成功，让林孝颖重新认识了他的爱子以及其所钟情的革命事业，他为失去爱子悲痛，同时也为林觉民感到自豪。

与此同时，福州的革命同志也组织了一场盛大的追悼会，曾经与林觉民在福州、东京共事的林月樨录《东京梦见意洞》的旧稿作挽诗，根据后来郑贞文转述的部分，其中前两联是：“晚风吹梦作秋凉，浴血何来痛国殇。肯为艰难双束手，不胜哀怨九回肠。”这首诗表达了对林觉民的思念之情，林觉民的父亲林孝颖先生认为许多挽词中这首诗最亲切有味，当即次韵奉酬：“赵佗台迴北风凉，藁葬荒丘半幼殇。一死自酬他志愿，初闻直碎我肝肠。黄花吊客倾铅泪，白发衰翁对影堂。东海明年樱再放，君行应念旧同裳。”

随着悼念活动的开展，对烈士们的纪念迅速上升到国家层面。在收殓埋尸的潘达微的首倡下，民国政府决定公祭七十二烈士，于是在黄花岗烈士成仁周年纪念日即 1912 年农历三月二十九日，民国政府在黄花岗召开隆重的纪念活动，孙中山亲自前往主祭。同一天，南京也举办了黄花岗之役周年纪念的活动，黄兴致祭与他一同战斗过的烈士们，他在演讲中重点提到了林觉民“科学程度极其高深。当未发动之先，即寄绝命书与其夫人”。并引用了林觉民在赴广州的船上对郑烈讲的一番话。黄兴又亲笔书挽联云：“七十二健儿，酣战春云湛碧血；四百兆国子，愁看秋雨湿黄花。”

除了福州、广州、南京等地，社会各界也都在悼念，例如 1912 年第 3 期《社会世界》期刊就曾有一首《哭林觉民》的诗，称:“潇洒丰姿美少年，鄙为奴隶喜为仙。学通中外空古今，气壮河山愧后先。督战勇忘飞矢痛，临刑说演救时诠。从容死义如君者，顽懦风闻志定坚。”这首诗指出林觉民“鄙为奴隶喜为仙”“学通中外空古今”等特点，应该是非常熟悉他的朋友所写。

1912 年 4 月 20 日，孙中山特意去福州慰问烈士家庭。当日早上，他在福州登岸，先到南台仓前山桥南公益社稍事休息，与福建同盟会的负责人进行了座谈，他尤其关怀黄花岗烈士遗族，详细询问了他们的家庭情况，并寄语向他们问候。下午 3 点进城，孙中山到南门内左侧明伦堂，出席福建国民协会和各界代表的欢迎会，并在休息室接见陈更新夫人王碧女士，知道她家境困难，当即赠与 500 银元，表示抚恤。下午 5 点在省咨议局会场发表演说，提到黄花岗十九烈士壮烈成仁，是福建人民灿烂的革命光荣历史，希望闽人能完成烈士的未竟大志。

黄花岗烈士的纪念升级到国家层面之后，前来黄花岗凭吊的人越来越多，但是烈士的坟墓仍然只是土堆而已，潘达微认为烈士墓“不封不树，无以壮观瞻”，于是在孙中山主理、潘达微协助下开始筹划修墓的事。无奈当时时局变乱纷呈，一时无法筹措，烈士之墓仍然湮没于荒烟蔓草之间。

1915 年秋，方声涛率滇军来广州，才得以募款修建。方声涛是烈士方声洞的胞兄，也是林觉民在侯官高小的老师，他比林觉民等早几年留学日本，入东京振武学校习陆军。1905 年加入中国同盟会。方声涛归国后任云南讲武堂教官、广西兵备处会办等职。由于他在同盟会及地方军队中的地位，所以保护过陈更新等同盟会的年轻后进，并协助革命党人在全国的革命，包括广州起义。1913 年讨袁的“二次革命”中，他担任李烈钧部的旅长、师长。1915 年年底赴云南任护国军第二军第二团团长，随李烈钧入广东驱逐龙济光，后任驻粤滇军第四师师长，驻广州及附近地区。1917 年 9 月孙中山在广东成立护法军政府，他任大元帅府卫戍总司令。方声涛在广东驻守 10 余年，在他的操持下，黄花岗烈士墓的维修才进入具体实施阶段。

1916 年广东省参议会提交修墓草案，时任大元帅府外交部部长的林森为此向南洋发起募款，用募集的钱款加修墓道，遍植树木。潘达微提出了整体的建筑构想，他在墓道两侧，以骷髅作铁柱之顶，警示世人永不要忘记这段“惊天地、泣鬼神”的历史。1921 年，黄花岗七十二烈士墓终于落成。5月6日上午，闽籍国民党员在黄花岗致祭，林森主祭，潘训初读刘通作祭文。后孙中山主祭，陪祭的有文武官员、议员、国际友人等数百人。民国政府为表示重视，还曾经发行过黄花岗纪念币和林觉民纪念邮票。

1912年12月，邹鲁编著《黄花岗烈士事略》完成，请孙中山作序，这份序言，将黄花岗烈士置于民主主义革命的大背景下，成为给烈士历史定位的名篇：

满清末造，革命党人，历艰难险巇，以坚毅不扰之精神，与民贼相搏，踬踣者屡。死事之惨，以辛亥三月二十九日围攻两广督署之役为最。吾党菁华付之一炬，其损失可谓大矣！然是役也，碧血横飞，浩气四塞，草木为之含悲，风云因而变色。全国久蛰之人心，乃大兴奋。怨愤所积，如怒涛排壑，不可遏抑，不半载而武昌之革命以成。则斯役之价值，直可惊天地，泣鬼神，与武昌革命之役并寿。

顾自民国肇造，变乱纷乘，黄花岗上一抔土，犹湮没于荒烟蔓草间。延至七年，始有墓碣之建修；十年，始有事略之编纂。而七十二烈士者，又或有记载而语焉不详，或仅存姓名而无事迹，甚者且姓名不可考，如史载田横事，虽以史迁之善传游侠，亦不能为五百人立传，滋可痛矣。

邹君海滨，以所辑《黄花岗烈士事略》丐序于余。时余方以讨贼督师桂林。环顾国内，贼氛方炽，杌陧之象，视清季有加，而余三十年前所主唱之三民主义、五权宪法，为诸先烈所不惜牺牲生命以争之者，其不获实行也如故。则余此行所负之责任，尤倍重于三十年前。倘国人皆以先烈之牺牲精神为国奋斗，助余完成此重大之责任，实现吾人理想之真正中华民国，则此一部开国血史，可传而不朽。否则不能继述先烈遗志且光大之，而徒感慨于其遗事，斯诚后死者之羞也！

余为斯序，既痛逝者，并以为国人之读兹编者勖！

林觉民当时写的绝笔书由妻子陈意映保存，1913年陈意映去世时，将此绝笔书交给公公林孝颖保存，请求老人照顾好两个孩子，等孩子长大后交给他们。林孝颖特意做了一个洋铁匣保存遗书，无论时局多么动荡，林家总是小心翼翼保护着此绝笔书，有段时期，林觉民的庶母尤氏甚至将此书贴身保藏。后来林觉民的长子林依新7岁患病夭折，次子林仲新由祖父林孝颖及庶祖母尤氏抚养成人。

直到林觉民牺牲10多年后，他的绝笔书信才为世人所知，其中同盟会元老、同乡林森的推荐之功尤大。林森是福州人，辛亥革命元勋，对黄花岗七十二烈士怀有特殊的感情。他们曾经在旅沪福建学生会的成立上合作过。1911年春，林文、林觉民、方声洞等前往广州参加起义的经费也是林森帮助筹措的。1919年林森在广州就任非常国会参议院议长期间，鉴于“草葬黄花岗七十二烈士之骸骨，尚是一堆荒土”，有愧于先烈，于是在孙中山先生支持下，林森倡议向海外募捐并亲自主持了黄花岗烈士陵园的修建工作，并于 1919 年 4 月 29 日主持了盛况空前的黄花岗烈士的公祭活动，编纂了《碧血黄花集》和《黄花岗烈士事略》，大力宣传烈士的革命精神与浩然正气。

1924 年春，林森收到林觉民父亲林孝颖寄来的两封烈士家书，阅后十分感动，决定将其影印出版，公之于世，并写下《林觉民烈士禀父书及致妻诀别书墨迹跋》，阐述了“摹印广布”此遗书的缘由：其一，烈士的精神感人至深；其二，是回击反动势力对革命者的诽谤和唤起民众的需要。林森指出：“俗辈人等常常批评革命是破坏行为，且经常把革命者视为无赖。他们不知道，做大事的与种庄稼不一样，种庄稼可以预料秋季必然会有收获，但革命却并不一定有立竿见影的效果。革命者杀身成仁，无所畏惧地追求理想，人格精神得以发扬，又岂是俗辈所能理解的？不知道这些俗辈们看到林觉民的遗书会有什么想法。”由于保守势力的歪曲、污蔑和革命派的宣传工作的不足，以致在一段时期内相当一部分民众对革命缺乏应有的认识，有许多误解、曲解之处。例如，当初武昌起义消息传到九江时，官方报纸均标称是“土匪”起事，林森则让人把武汉寄来刊登革命军起义的报纸公开张贴，让行人观看。时值江西巡抚冯汝骙奉清政府之命率军援鄂，在九江候船的清军官兵看了武昌革命报纸，听了林森他们对革命意义的宣传后，真相大白，军心动摇，不愿登轮赴汉，只好撤回南昌，减轻了武昌革命党人的压力。林森等人的革命宣传工作收到了立竿见影的成效。林觉民绝笔书中所体现的烈士的深厚情感和崇高人格不啻是对封建统治者诽谤革命行径的有力回击。

林森的《林觉民烈士禀父书及致妻诀别书墨迹跋》:

黄花岗七十二烈士名碑上所勒属闽籍者十九人，其中十人尤著，世称十杰，林烈士觉民其一也。林烈士已有传登森等所刻黄花岗七十二烈士事略中，今春承林烈士尊翁可山先生寄示林烈士绝命书两件，慷慨慎怆，至情至性，仁人与孝子相成，儿女与英雄并见。嗟呼！谁无父母兄弟妻子，烈士以爱天下人之故，牺牲其一身与其父母兄弟妻子之爱，融小我于大我，扩小爱为大爱，惟烈士能用爱，亦惟烈士能用情矣。又按两书皆作于三月廿六日夜（末署辛未系辛亥误笔），距三月廿九日之役，仅三日耳。非其见义之明，赴义之勇，与素养之纯，安能临大事从容不迫如是耶？俗辈尝诟革命主义为破坏，且目党人为无赖。盖事大者功迟，非如南亩耕获可以计日收效；而党人成仁取义者，叱咤淋漓，不可一世之状，又为彼辈所不睹者，使其读此当何如也？谨将原书摹印广布，俾烈士精神长现人间，期振励国人，亦以供编史者采葺焉。

中华民国十三年四月日、闽侯林森盥志

林森出版的是影印件，而绝笔书的原件仍在林家保存。林觉民的次子林仲新大学毕业后，在林森的帮助下，得以在南京立法院工作，那时林孝颖才亲手将绝笔书交给林仲新保存。几年后，抗日战争爆发，林仲新在国民政府西迁之时，为了避免辗转中遗书失落，就委托在南京读书的堂弟林性奎将遗书带回福州保存。林性奎在夜间经过邵武的时候，被土匪拦路抢劫，土匪砸烂他的皮箱，抢过藏遗书的铁匣，发觉这条绢帕。林性奎抢不过，就哀声哭告：“司令，这是光复烈士林觉民的遗书呀！是侬家的传家宝，你就高抬贵手，还给侬家吧！”土匪头子听说过林觉民，就打开手电，从头到尾读了一遍，边读边流泪，到最后双手抱拳，打躬作揖，将遗书以及抢劫的财物都还给了林性奎，并送他上车。抗战后，遗书还给林仲新保管，当时国民政府的南京博物院征集，他不肯交出。直到1959年5月，林仲新才将该遗书交给了福建省文物管理委员会，后转到福建省博物馆保存。

自从林森将林觉民的遗书公之于世后，这篇遗书不仅成为文学名篇，而且成为激励后来革命者的有力武器。根据革命者王昆仑在《重读林觉民烈士遗书》一文中回忆，1927年张作霖进了北平，缉拿国民党员，他和周一志、王星舟两同志一同南下，他们两位分赴长江一带，王昆仑到了汕头。有一天在青白花社后院中偶然拾到一张团皱了的石印品，展开一看，原来就是著名的林觉民的遗书。他注意到遗书是写在一张方形的绸手帕上的，字迹秀美，遗书前面有林烈士的遗容和林森主席所题的“仁人与义士双成，孝子共英雄并见”两行字。王昆仑如获至宝，一口气把这遗书连读了几遍，禁不住的热泪浸湿了那张信纸。他不由得称赞道：“林觉民烈士致夫人的绝命书是中国近百年来一篇最动人的文字，我胆敢这样说。好文章不是‘做’出来的，而必须是用心头的鲜血和眼中的热泪浸润出来的，他这封遗书实在是中国近代民众的血和青年的泪的结晶！这封信表现了30年前的一时代全中国革命青年的意志与情感的最高峰，这是中国很名贵的革命文献，也是中国青年很好的文艺读本。……林觉民是把恋爱问题、人生问题和革命问题完全统一了的，在这一封书里我们看得出他对于这些问题的全部理解。”

1926年民智书局出版的邹鲁编著的《广州三月二十九革命史》，1928年民智书局出版的张天化编著的《血花集》，都收录了林觉民、方声洞的传记与绝笔书。随着绝笔书的传播，林觉民的名声更加远播，各类报章多次登载他的传记。例如1928年，作家达年在《小朋友》之“革命故事”

栏目中写了篇《可敬的林觉民》，就是用通俗易懂的方式把林觉民的故事介绍给小朋友们。1934年武昌《中兴周刊》、1935年《广播周报》、1938年邹鲁《中国国民党史稿》等全篇照录，这些传记都会重点提到他写遗书的故事。

林觉民的遗书也成为初中语文课本的内容，例如1935年《闽贤事略初稿》中的《烈士林觉民事略》就称“是书也，今已诵遍学校矣”。后来1948年《台樟通讯》报上有篇《回忆林觉民烈士致其夫人之遗书感言》的文章，里面也提到：“笔者记得在初中念书时，国文课本上有一篇轰轰烈烈的烈士林觉民致他夫人的一封遗书！我读到了这篇文章，如获无上至宝，每一执书，一口气把这封遗书总是连续读了数遍，有时禁不住的热泪浸湿了我的衣襟！又在该课本上读了一篇林觉民传，被感动得顿足捶胸，突火怒目，脑浆欲裂，黄花岗七十二烈士死难的伟迹，真是令人发指。”可见当时对中学生的影响。

林觉民的事迹激发了国人的革命热情，包括后来的抗日战争。1939年5月，香港戏剧界31个单位联合公演四幕六场的革命历史剧《黄花岗》，门票收入全部捐助抗日阵亡将士家属。该剧为广东戏剧协会同仁集体创作，“以正确的观点，严密的组织，激昂的对话，宣写辛亥年二月间革命党人的史实，极能配合目前的政治要求”。该剧在上海的《中华》杂志上进行广告宣传。1943年农历三月二十九日即革命先烈纪念日，福建省教育长召集全体官佐，不作普通训话，而是特意将林觉民的《禀父书》与《与妻书》当众朗诵，接着以慷慨激昂的语调，鼓励僚属，效法先烈，发扬民族精神。听训者无不为之动容。

辛亥广州起义10余年后，随着烈士纪念的常态化，国民政府开始拨付款项支持烈士后人。1923年2月，福建省省长林某发布公告，称：

为布告事：民国肇兴，于今一纪，广州发难，尤足千秋。吊五岭之忠魂，念三山之志士，成仁取义，遑论儿女无依，崇德报功，宜使达人有后。本省长缅怀先烈，日用歉然，兹由署制定补助黄花岗烈士子女教育费办法七条，自本年二月一日施行，以培后进而慰英灵，合行布告阖属一体知照，特此布告。

这份文件附有办法 7 条，第一条指明福建籍的黄花岗烈士，其子女教育经费以福州延福泉汽车股息收入专项支出。林仲新受这笔经费的支持，在福州念完小学、中学。1928 年，林仲新 17 岁，林家本来就不富裕，这年林孝颖去世，林家顿时失去经济来源，生活极为清苦，甚至需借贷度日。偏偏这一年，又一度发生了汽车公司拖欠学费，影响烈士后人就学的事件，林仲新等人通过福州市汽车公路管理员王世圻禀报，福建省政府批准按规定将官股息金提前发给，以维持学费。

在这笔经费的支持下，林仲新得以入读上海光华大学，并顺利完成学业。毕业后，到南京跟随林觉民旧交林森做事。新中国成立后回到福建，1983 年逝世，育有一男二女。另外，林觉民去世后，他的哥哥又将 3 岁的女儿林暖苏过继给陈意映，林暖苏后毕业于上海美术专科学校国画系，擅长写意花卉，晚年曾捐珊瑚枝画给福州一中，彼时仍能整篇吟诵《与妻书》，2001 年逝世。林觉民的故居在 1983 年被确定为福州市文物保护单位，1991 年重修后，一度辟为福州辛亥革命纪念馆，1996 年确定为福建省文物保护单位。近年来，故居先后成为福州市委党校教学实践基地、福建省国防教育基地、福州市老党员志愿服务站等，成为开展爱国主义教育的重要场所。

虽然辛亥广州起义失败了，但是 100 多年来，林觉民及黄花岗烈士代表的民族精神，激励了一代又一代革命志士，为争取国家独立富强而甘愿牺牲自我。时至今日，林觉民关于“小我”与“大我”、“小爱”与“大爱”的抉择，仍然值得为中华民族复兴而奋斗的人们，尤其是青少年学习和继承。

图书在版编目（CIP）数据

林觉民 / 张海鹏主编；韩朝建编著. --北京：学习出版社，2019.5

（中华先烈人物故事汇）

ISBN 978-7-5147-0913-1

Ⅰ.①林…　Ⅱ.①张…　②韩…　Ⅲ.①林觉民（1887-1911）—传记　Ⅳ.①K827=52

中国版本图书馆CIP数据核字（2019）第091133号

林觉民

Lín Juémín

主编/张海鹏　副主编/赵兴胜　编著/韩朝建

责任编辑：王　洋　　　封面绘画：邵家声
技术编辑：胡　啸　　　内文插图：庞先健
美术编辑：杨　洪　　　组织绘图：上海志愿文化公司

出版发行：学习出版社
北京市东城区崇外大街11号新成文化大厦B座11层（100062）
010-66063020　010-66061634　010-66061646
网　　址：http://www.xuexiph.cn
经　　销：新华书店
印　　刷：北京盛通印刷股份有限公司

开　　本：787毫米×1092毫米　1/32
印　　张：4.125
字　　数：58千字
版次印次：2019年5月第1版　2019年5月第1次印刷

书　　号：ISBN 978-7-5147-0913-1
定　　价：16.00元
